DT 시대
마케팅 뉴노멀 10

Data Technology

# DT 시대 마케팅 뉴노멀 10

도준웅 지음

nomad
지식노마드

# Contents

## 01 고객 커뮤니케이션의 뉴노멀 · 30

### 실시간 커뮤니케이션
Communication on Demand

## 02 고객 타깃팅 방법론의 뉴노멀 · 48

### STP에서 SCP(정황, 접점, 취향)로
From STP to SCP

# 06 고객 경험 관리의 뉴노멀 • 162

**UX 플래닝에서 라이프로그 활용을 통한 서비스 차별화로**

From UX planning to life log engagement

# 07 성과 지표의 뉴노멀 • 182

**채널별 성과에서 채널 간 협업적 성과로**

From channels-centric KPI to omni-channel(channels-collaborative) KPI

# 08 브랜드 리스크 관리의 뉴노멀 • 210

**게재 관리에서 확산 대응으로**

From publication monitoring to diffusion management

프롤로그

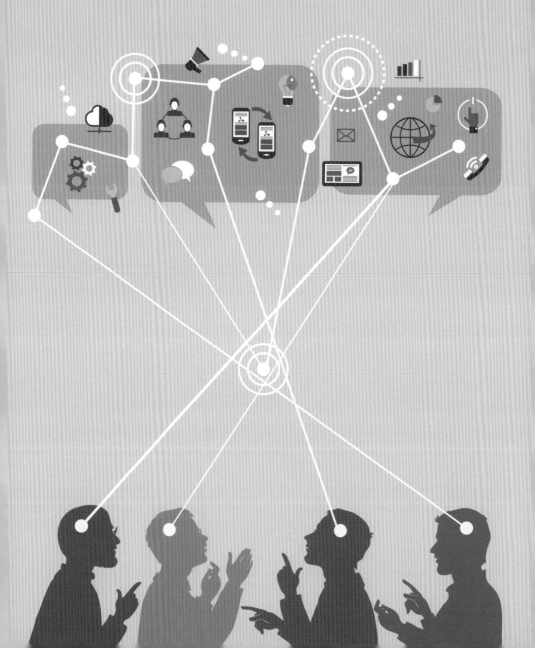

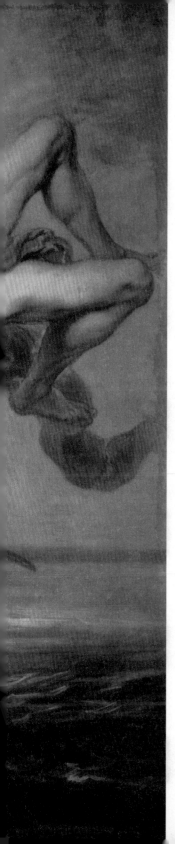

# 이카로스 패러독스

그리스 신화의 이카로스는 아무도 탈출한 적이 없는 밀납으로 된 성에 갇혔다가, 밀납으로 날개를 만들어 태양빛을 따라 탈출에 성공한다. 계속 태양빛을 따라 날아오르던 이카로스는 날개가 그만 태양열에 녹아내려서 그대로 떨어져 죽고 만다.

경영학에서 '이카로스 패러독스'는 기존의 성공 방식이 지속적인 성공 방식이 될 수 없다는 교훈을 준다. DT '시대'라는 표현이 등장했다는 것은 기존의 패러다임 자체가 크게 바뀌었음을 의미한다.

아직도 마케팅에 대해 '칸 광고제 작품 내듯'
광고 하나 잘 만드는 게 목표가 아닌지······.
아직도 채널별 협업을 고려하지 않고
단독 채널별 성과 지표에 매달리고 있지 않은지······.
아직도 옴니 채널이라는 개념을
다양한 채널에 광고를 노출하면 되는 것이라고
착각하고 있지 않은지······ .
아직도 디지털 마케팅이
별도로 존재하는 영역이라고 생각하는지···.

과거의 성공 방식을 고집하다가 추락하는
마케팅의 이카로스가 될 것인가?

# IT 시대에서
# DT 시대로!

현대 사회는 IT(Information Technology) 시대에서 DT(Data Technology) 시대로 변모했다. 지구상에 존재하는 데이터의 95%는 최근 3~4년 동안 생성된 것이고 그중 80% 이상은 대중이 삶 속에서 만들어낸 수많은 라이프로그(life log)이다. 라이프로그란 대중들이 삶 속에서 직접 작성하거나 부지불식간에 남기는 수많은 정형·비정형 흔적을 데이터화한 것을 말한다. 즉 검색부터 블로그나 소셜 미디어 등에 포스트하거나 댓글로 남긴 데이터를 넘어 클릭이나 검색 등 온라인상에서 이루어진 불규칙한 이동 경로

## 데이터 세상에서 하루 동안 일어나는 일

**하루 생성 데이터**
**2,500,000,000GB**
**(25억 GB)**

**60억 Like**

나 정보 취득, 구매, 정보 공유 등 다양한 행위 전체에서 생성되는 데이터를 포함한다.

하루 생성 데이터가 2,500,000,000(25억)GB에 달하는 시대에는 데이터를 통해 세상과 사람을 파악하고 이해하고 공감하는 기업만이 생존할 수 있다. DT 시대에 맞는 새로운 표준(New Normal)이 요구되는 이유가 여기에 있다.

# 데이터라는 이름의
# 새로운 이네이블러

'디지털'과 마찬가지로 '데이터' 또한 이네이블러(Enabler)다. 즉 촉진제다. 디지털뿐만 아니라 디지털 시대의 산물인 데이터 덕분에 어떤 것은 더 쉬워졌고, 어떤 것은 빨라졌으며, 어떤 것은 불필요해졌다. 불가능하던 일이 가능해지기도 했다. 하지만 반대로 '잊힐 권리'처럼 더 불편해진 현상도 많이 생겼다.

세상에서 가장 예쁜 여성을 찾아내는 '거울'은 동화 《백설공주》 속에서만 존재하던 것이었으나 지금은 현실의 도구가 되었다. 알렉사나 구글홈 같은 음성 인식 스피커가 대표적인 사례다. 음성 인식 기술이 데이터와 결합하여 질문을 알아듣고 수많은 데이터를 분석하여 결과를 내놓는다. 시간이 조금만 더 지난다면 이제 질문을 하기도 전에 내 정황을 파악하고 해결책을 추천해줄 것이다.

동화 속의 거울은 백설공주가 왜 가장 예쁜지, 어떤 취향을 기준으로 그렇게 판단했는지 근거를 말하지는 않았다. 거울 혼자만의 취향이었다. 그러나 현재는 다르다. 빅데이터 시대가 도래했기 때문이다. 많은 사람이 '예쁘다'의 다양한 판단 기준이 되는 '아름답다', '청순하다', '섹시하다', '귀엽다' 등의 데이터를 검색, 블로그 등 각종 채널을 통해 남겨왔다. 이제는 이와 같은 데이터를 근거로 해서 '증거 기반'으로 다양한 '예쁨'을 말할 수 있게 되었다.

현대의 진화한 거울은 데이터로 무장했다. "누가 세상에서 가장 예쁘냐?"고 질문하면 묻는 사람의 취향을 반영하여 입체적인 대답을 한다. 질문자가 원하는 '예쁘다'가 섹시한 것인지 청순한 것인지 귀여운 것인지 아니면 지적인 것인지에 따라 각각 다른 결과를 제시할 수 있게 되었다. 지금은 이것을 제대로 보여줄 수 있을 만큼 대중들의 데이터가 풍부하게 쌓여 있기 때문이다.

디지털과 데이터 시대가 되면서 소비자가 엄청나게 바뀐 것 같지만 본질적으로는 그대로다. 소셜 미디어가 없던 시절에는 입소문이 없었을까? 그렇지 않다. 우리는 옆집 아주머니에게 동네 쌀집 중 어디가 좋은지 물어보곤 했으며, 새로 승용차를 산 동료에게 그 차의 성능에 대해 자세한 질문을 던졌었다.

결국 데이터 시대는 별도로 존재하는 새로운 생태계가 아니라, 변화의 방향일 것이다. 이것이 데이터 역학이다. 앞에서 말했듯 디지털과 데이터는 이네이블러, 즉 촉진제다. 이 촉진적 속성을 이해하는 바탕에서 STP나 4P 같은 기존 마케팅 방법론을 확장해야 한다. 그것은 데이터 조합으로 파악할 수 있게 된 고객의 '정황'과 '접점'이다. 이것이 옴니 채널 시대에 불규칙하고 예측하기 힘든 소비자를 파악하기 위한 단초가 될 것이다.

## DT 시대 백설공주

질문 접수

머신이 수집한 데이터 학습

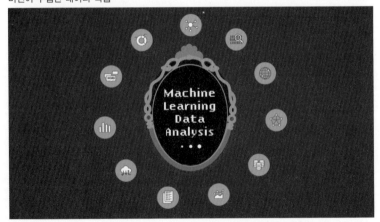

대중이 '예쁘다'를 언급한 데이터 수집

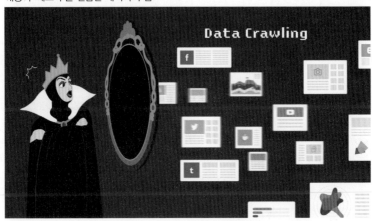

대중의 '예쁘다' 취향을 기반으로 추천

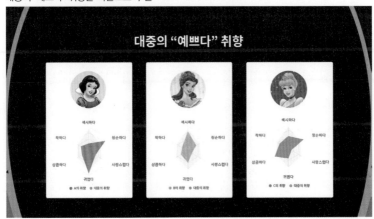

# 소비자가 베푸는 친절,
# 데이터!

현재 소비자는 키워드만 기억했다가 자신이 원하는 시점에 검색 등을 이용해 실시간으로 불쑥불쑥 나타나 까다롭고 구체적인 정보를 요구한다. 뿐만 아니라 정치 뉴스를 보러 포털에 들어왔다가 갑자기 스포츠 방송을 보기도 하고 그러다 어느새 또 다른 행동을 한다. 미리 타깃을 정해놓고 특정한 장소와 시간에 커뮤니케이션을 하던 과거 '예측' 기반의 커뮤니케이션 방식으로는 이 같은 소비자들의 정보 니즈를 맞추기 힘들어졌다.

하지만 소비자는 마케터를 위해 친절을 베풀고 있다. 그들은 디지털 세계에 자신의 흔적(로그: Log)을 남긴다. 로그인, 클릭, 검색, 유입, 이탈, 위치 등의 다양한 데이터를 제공하는 것이다.

그들은 클릭을 통해 명확한 의사를 표현하고 다양한 키워드 검색으로 구체적인 니즈까지 알려준다. 때로는 자신의 현재 위치와 개인적인 상황까지도 자세히 알려준다.

즉 디지털 시대의 소비자는 '데이터'를 통해 마케터와 커뮤니케이션한다. 그러므로 언제 어디로 튈지 모르는 소비자를 버거워할 일만은 아니다. 소비자는 데이터를 통해 매우 구체적으로 말하고 있다.

"이런 색깔을 보여주세요." "크기가 훨씬 더 작은 것은 없나요?" "가성비가 높은 것을 원해요!"

데이터만 한 의사소통의 단서가 또 어디에 있겠는가?

# '브랜드'에 대한 새로운 정의

뉴노멀 시대에도 바뀌지 않은 것이 있다. 그것은 마케팅의 본질이다. 예나 지금이나 마케팅의 시작과 끝은 사람, 즉 '고객'이다.

IT 발전으로 매체가 다양해졌지만 '고객과의 커뮤니케이션'을 잘해야 하는 마케팅의 본질은 하나도 변하지 않았다. 그것은 바로 '고객의 마음을 얻어야 상품이나 서비스를 팔 수 있다'는 불변의 명제다.

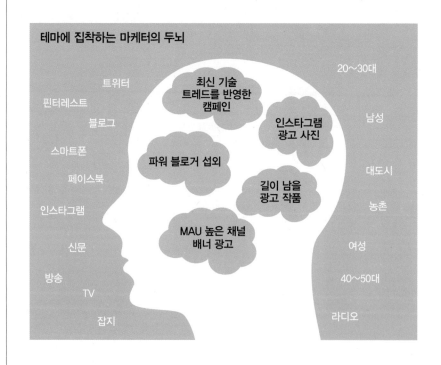

테마에 집착하는 마케터의 두뇌

그런데도 '디지털 마케팅', '소셜 마케팅', 심지어 '비콘 마케팅'에 이르기까지 수많은 신조어와 돌연변이가 난무하고 있다. 그렇다면 '아날로그 마케팅'이 따로 있단 말인가? 고객이 디지털 고객, 아날로그 고객으로 나뉘어 있었던가?

'디지털 마케팅'은 없다. 예나 지금이나 그냥 '마케팅'이 존재할 뿐이다. 디

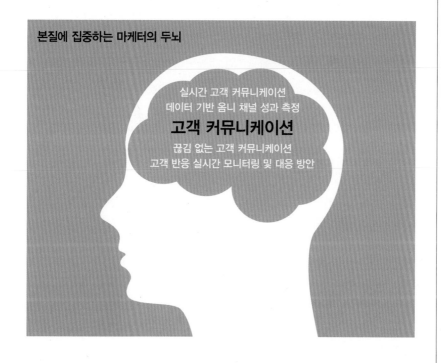

본질에 집중하는 마케터의 두뇌

실시간 고객 커뮤니케이션
데이터 기반 옴니 채널 성과 측정
**고객 커뮤니케이션**
끊김 없는 고객 커뮤니케이션
고객 반응 실시간 모니터링 및 대응 방안

지털, 데이터와 같은 이네이블러 즉, 촉진제들로 인해 고객과 커뮤니케이션하는 방법에 변화가 생겼을 뿐이다.

이제 브랜드의 정의 또한 고객 기준으로 새롭게 바뀌어야 한다. 고객이 다양한 온·오프라인 옴니 채널을 불규칙하게 넘나들면서 파편적(partially)으로 느낀 브랜드 경험의 총합, 그것이 바로 브랜드이다.

브랜드의 정의가 달라진 새로운 다채널 교차 판매의 마케팅 환경에서, 기업들은 기업 생존이라는 명제를 걸고, 다양한 채널을 넘나드는 고객에게 일관된 메시지를 전달하고 계획적인 커뮤니케이션을 전개해야 한다.

**"**

고객이 다양한 온·오프라인 옴니 채널을
불규칙하게 넘나들면서
파편적partially으로 느낀
브랜드 경험의 총합,
그것이 바로 브랜드이다.

**"**

# 왜
# 뉴노멀(New Normal)인가?

뉴노멀은 '시대가 변화함에 따라 새롭게 떠오르는 표준과 상식'을 말한다. 2008년 글로벌 경제위기 이후 세계 경제질서가 완전히 뒤바뀌었는데 이것을 지칭하는 용어로 쓰였다.

마케팅에도 뉴노멀이 대두되어야 할 시대가 이미 지났다. '디지털'과 '모바일' 확산으로 고객과 커뮤니케이션하는 방식이 전면적으로 변화했기 때문이다. 게다가 고객이 스스로 남긴 빅데이터를 통해 기업이 고객의 사소한 니즈까지도 알 수 있는 세상이 되었다. 기술적으로 좀 진보한 것이 아니라 발상과 표준 그 자체가 완전히 달라졌기에 뉴노멀이라고 쓰는 게 합당하다. 정작 고객들은 달라진 세상에서 마케터가 과거의 방식 즉, 올드노멀(Old Normal) 방식의 마케팅을 고수하고 있는 건 아닌지….

이제 마케팅의 새로운 표준이 필요한 때다.

'시대(era)'라는 단어를 가볍게 받아들여서는 안 된다. 이전에 인터넷 시대가 되자 많은 사업가가 가장 먼저 인터넷 사업이라고 벌였던 것이 전자 카탈로그였다. 기존에 하던 진열(display)을 과거 방식과 상식을 따라 웹으로 옮겨 나열한 수준이었다.

DT 시대에도 이와 같은 현상들이 반복되고 있다. 단순히 빅데이터를 수집해서 기존의 닐슨, 갤럽과 같은 리서치 업체처럼 사업을 전개한다. 대중의 데이터를 가공해서 기업에 팔고 있는 것이다.

빅데이터, 머신러닝, 인공지능 등 DT 시대에 등장한 수많은 데이터 기반 사업은 기존의 관점, 기존의 업무 조직, 기존의 성과 체계에서 약간의 변화와 편리를 줄 수는 있으나, '시대'라는 표현에 걸맞은 새로운 관점의 사업들은 아직 찾아보기 어렵다. 이제 마케팅뿐만 아니라 기존 사업을 넘어서 새로운 표준과 새로운 '노멀'이 대두되고 있는 만큼, 기업은 이것을 시대를 살아가는 생존과 직결해서 생각해야 할 것이다.

# 마케팅에도 뉴노멀이
필요하다

고객과 마케팅의 본질은 하나도 바뀌지 않았는데 전혀 새로운 세상(생태계)에서 새로운 고객과 새로운 커뮤니케이션이 건너온 것처럼 생각하는 사람들이 있다. 이들은 새로운 기술과 테마에 집착하듯 매달린다. 그러다 보니 고객을 이해하는 마케터보다 기술을 잘 활용하는 얼리 어댑터들이 마케팅을 주도하는 경향까지 생겼다. 그리고 디지털이나 데이터의 개념도 없던 시대에 마케팅 거성들이 만든 4P, STP 전략 등 다양한 마케팅 방법론들을 디지털과 데이터 시대에 맞게 재해석하고 확장하기보다는 기존 법칙은 그것대로 그대로 둔 채 새로운 개념들만 앞 다투어 내놓고 있는 현실이다.

앞으로의 마케팅은 본질을 떠나지 않으면서도 그것을 시대에 맞게 적용해야 한다. 디지털과 데이터 기반의 다채널 교차 판매 시대에 맞게 수정되고 보완된, 그러면서도 고객 관점을 놓치지 않는 방법론(framework)이 필요한 때다.

마케팅은 진화해야 한다. 고객을 포함한 모든 마케팅 환경이 변화했기 때문이다. 하지만 실제로 마케팅은 좀처럼 발전하지 않는다.

기술이 진보하고 채널이 늘어나면서 발전한 것처럼 보일 뿐이다.

과거의 발상과 관행이 현장에 관성처럼 그대로 남아 있다.

이제 과거에 정상이라고 여겼던 것들을 과감히 버려야 한다.

최고의 마케팅 이론가 필립 코틀러는 4P 전략 등 탁월한 개념을 내놓았다. 1931년생인 코틀러가 STP 전략을 담은 『마케팅 관리론(Marketing Management)』을 출판한 것은 1967년이다. '포지셔닝'이란 불세출의 개념도 1969년 잭 트라우트에 의해 탄생했다. 그들이 왕성하게 활동하던 시기에는 '디지털'이나 '데이터'의 개념이 없었다. 디지털과 데이터의 후광을 누리게 된 후세대들은 거성들이 남긴 훌륭한 이론과 방법론을 시대에 맞게 수정하고 확장해야 한다.

우리는 과거로부터 이어온 훌륭한 마케팅 방법론들을 가지고 있다. 이것을 변화된 마케팅 환경과 고객에 맞게 수정하고 보완 또는 재창조해야 한다. 나는 DT 시대를 맞아 변화된 소비자 행동 방식에 맞는 새로운 마케팅 방법을 제시하고자 한다.

DT 시대를 맞아 데이터가 범람하고 수많은 기술 또한 새롭게 발전되었고 이에 따라 소비자 행동이 크게 변화했다. 변화된 소비자를 기준으로 기존의 마케팅 방법론이 어떻게 수정되고 보완되어야 할지 10가지 뉴노멀을 제시한다.

## DT 시대 이전의 마케팅 법칙

기업 주도 고객 커뮤니케이션

STP(Segmentation, Targeting, Positioning)

CRM(Customer Relationship Management)

가치 제안(Value proposition)

채널별 검색 전략

UX 플래닝

채널별 성과

리스크 게재 관리

창의성 기반 콘텐츠 기획

마케팅 에이전시

## DT 시대 마케팅 뉴노멀

실시간 커뮤니케이션(Communication on Demand)

SCP(Semantic, Channel, Preference)

CMR(Customer-Managed Relationship)

새로운 가치 전쟁

옴니 채널 검색 최적화와 시멘틱 검색

라이프로그 기반의 서비스 차별화

채널 간 협업적 성과

리스크 확산 대응

집단지성 기반 콘텐츠 기획

SSC(Shared Service Center)

# 01

# 고객 커뮤니케이션의 뉴노멀

## 실시간 커뮤니케이션

### Communication on Demand

# 예측이 불가능해진
# 고객 행동

디지털과 데이터 시대의 커뮤니케이션은 언제 어디로 튈지 모르는 럭비공 같다.

과거의 고객들은 택시 승객에 비유할 수 있다. 행선지를 마음속으로 정해 놓고 택시를 탄다. 명동 신세계백화점으로 가던 승객이 갑자기 "잠실 롯데백화점으로 가주세요" 하거나 "신촌 현대백화점으로 가주세요"라고 하는 일은 좀처럼 없다. 하지만 디지털 시대의 고객들은 언제 어디로 방향을 틀지 알 수가 없다. 시사 뉴스를 읽던 사람이 갑자기 웹툰을 보기도 하고 등산화를 고르기도 한다. 자신조차 자신이 어디로 가게 될지 예측이 불가능해졌다. 오프라인에서는 상상조차 못하던 고객 행동이다.

그리고 언제 질문을 던질지도 모른다. 한밤중이든 점심시간이든 갑자기 "이것이 궁금해요, 대답해주세요"라고 불쑥 묻는다. 질문의 내용도 개인에 따라 세세하기 그지없다.

나는 지금의 고객들이 '불규칙하게 점피(Unexpectedly Jumpy)'하다고 표현한다. 과거의 마케팅 방법론들은 예측 모델에 집중했다. 한정된 예산을 한정된 미디어에 효과적으로 집행하기 위해서 반경을 좁히고 타깃을 정해서 가설을 가지고 예측하려고 해왔다. 그러나 달라진 고객을 과거의 예측 모델을 통해서 예측할 수 있을까? 그보다는 고객의 실시간 요구에 충실히 대응하는 게 효과적이다.

"서울에 사는 20대 후반의 여성은 어떻다"라는 식의 인구통계학적 분석으로 디지털 세상의 다양하고 역동적인
고객을 예상하고 특징지을 수 있을까?

# 과거의 커뮤니케이션

커뮤니케이션의 사전적 정의를 보자. "서로의 생각, 느낌 따위의 정보를 주고받는 일. 말이나 글, 그 밖의 소리, 표정, 몸짓 따위로 이루어진다"고 기록되어 있다. 듣고 말하고 읽고 쓰고 몸짓으로 나타내는 것에 주안점을 두고 있는 것이다. 그러나 현대인이 소통하는 방식은 이와 다르다.

# 현재의 커뮤니케이션

친구나 동료와 대면하여 대화하거나 통화하는 것보다 메신저를 이용하는 게 훨씬 더 편하고 내용도 잘 전달된다고 말하는 사람들이 많다. 뿐만 아니라 앞으로는 알렉사(아마존), 구글홈(구글) 같은 음성 인식 기능을 장착한 기기들이 가족끼리 스치듯 나누는 대화까지도 엿들을 수 있게 되었다. 이제 곧 인공지능으로 무장한 기기들이 IoT(Internet of Thing: 사물인터넷) 시대를 맞아 우리가 따로 묻지 않아도 우리의 대화에 참여할 태세다. 이렇듯 커뮤니케이션 방식은 과거와 완전히 달라지고 있다.

# 커뮤니케이션은
# 언제 어디서 이루어질까?

오늘날의 고객은 특정한 시간과 장소를 정한 후에 커뮤니케이션하지는 않는다. 자신이 궁금하거나 원할 때, 필요할 때, 즉 온디멘드(ondemand)로 소통하려 한다. 언제 어디서든 그들은 온디멘드 방식인 검색과 클릭, 소셜 네트워크와 메신저, 챗봇(chatbot)*에 이르기까지 다양한 수단을 활용해 커뮤니케이션한다.

기업의 커뮤니케이션은 고객이 원할 때 이루어지는 것이 가장 효과적이다.

* 챗봇: 채팅하는 로봇(chatter robot)의 줄임말이다. 고객이 메신저 등의 채팅창에서 실시간으로 질문하면 인공지능을 갖춘 로봇이 데이터를 분석하여 실시간으로 적절한 해답을 내놓는다. 데이터 기반이 풍부해지고 다양한 실제 사례를 접하면서 학습하고 이를 통해 진화하고 있다.

"
"고객의 실시간 커뮤니케이션 욕구를
충족시키려면 기업은 모든 채널을
365일 24시간 가동해야 한다.
그럴 수 없다면
실시간 커뮤니케이션을 위한
전략적 옴니 채널 플랫폼을 구축해야 한다.
"

# 검색어가
# 길어지다

디지털과 모바일 시대를 거치면서 일어난 고객 커뮤니케이션의 가장 큰 변화 중 하나가 검색이다. 검색은 고객이 직접적으로 정보를 요구하는 가장 보편적인 방식이 되었다. 고객은 초기 검색 방식인 키워드 검색에서 진화하여 이제는 대화형 자연어로 검색하기 시작했다. 검색어가 길어진 것이다. 자연스럽게 자연어 처리, 머신러닝 기술이 발달했다. 이제 인공지능이 방대한 메신저 대화를 습득하면서 챗봇을 통해 비행기 티켓을 예약하는 시대가 되었다.

## 네이버 검색 결과 캡처

"엄마가 좋아요 아빠가 좋아요?" 검색은 하루 10~50회 정도다.

# 검색 의도가
# 깊어지다

검색창의 자동 완성 기능과 연관 검색어는 다양한 고객 마음의 반영이자 트렌드다. 친한 친구와도 이야기하지 않는 속 깊은 이야기를 검색을 통해서 털어놓고 묻는다. 이때 고객 마음속의 깊은 의도 그 자체가 바로 데이터다. 아래 검색창에 자동 완성되는 내용을 보면, 가장 친한 친구에게도 하지 못하는 개인적인 정보 요구까지도 검색창에 묻고 있다. 마케터는 예전이라면 결코 짐작할 수 없었던 고객의 깊은 속마음을 이런 데이터를 통해 접근할 수 있게 되었다.

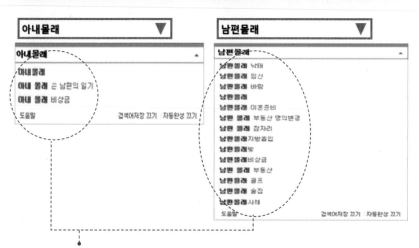

'아내 몰래'는 주로 남편들이 검색하고 '남편 몰래'는 다양한 행동에 대한 아내들의 요구가 반영되어 있다.

# 표현이
# 다양해지다

한 관심사를 둘러싼 질문과 표현은 풍부하고 다양해졌다. '맛집'을 예로 들면 예전에는 단순히 '음식이 맛있고 친절한 집'이었다. 그러나 지금은 '시각적 풍미가 좋다', '가성비가 훌륭하다', '식감이 뛰어나다', 심지어는 '재미있는 맛이다' 등과 같이 수많은 표현이 동원된다. 식감이 좋다는 표현도 '아삭하다', '쫄깃하다', '입안에서 사르르 녹는다' 등 다양하게 나뉜다. 고객의 취향과 고려 사항이 그만큼 다양해졌다는 증

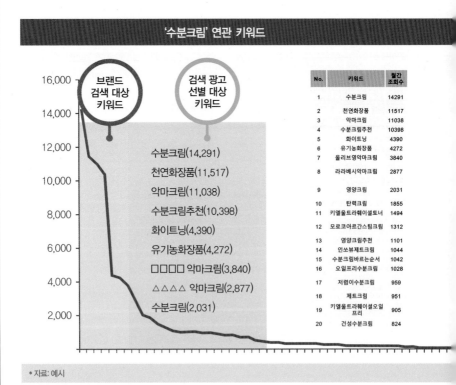

**'수분크림' 연관 키워드**

브랜드 검색 대상 키워드

검색 광고 선별 대상 키워드

수분크림(14,291)
천연화장품(11,517)
악마크림(11,038)
수분크림추천(10,398)
화이트닝(4,390)
유기농화장품(4,272)
□□□□ 악마크림(3,840)
△△△△ 악마크림(2,877)
수분크림(2,031)

| No. | 키워드 | 월간 조회수 |
|---|---|---|
| 1 | 수분크림 | 14291 |
| 2 | 천연화장품 | 11517 |
| 3 | 악마크림 | 11038 |
| 4 | 수분크림추천 | 10398 |
| 5 | 화이트닝 | 4390 |
| 6 | 유기농화장품 | 4272 |
| 7 | 올리브영악마크림 | 3840 |
| 8 | 라라베시악마크림 | 2877 |
| 9 | 영양크림 | 2031 |
| 10 | 탄력크림 | 1855 |
| 11 | 키엘울트라페이셜토너 | 1494 |
| 12 | 모로코아르간스팀크림 | 1312 |
| 13 | 영양크림추천 | 1101 |
| 14 | 인쏘뷰제트크림 | 1044 |
| 15 | 수분크림바르는순서 | 1042 |
| 16 | 오일프리수분크림 | 1028 |
| 17 | 저렴이수분크림 | 959 |
| 18 | 제트크림 | 951 |
| 19 | 키엘울트라페이셜오일프리 | 905 |
| 20 | 건성수분크림 | 824 |

\* 자료: 예시

거다. 마케터들은 이런 현상을 검색어를 통해서도 볼 수 있다.

'수분크림'이라는 상품 하나만 하더라도 시즌에 따라 차이가 있지만 국내 최대 검색 사이트에서 한 달에 500여 개의 이상의 다양한 검색어로 30만 번 이상의 검색이 이루어지기도 한다. 이렇게 검색을 한 후 고객은 다양한 고려 사항과 취향을 따져보고 나서야 수분크림을 산다.

| No. | 키워드 | 월간 조회수 | No. | 키워드 | 월간 조회수 | No. | 키워드 | 월간 조회수 | No. | 키워드 | 월간 조회수 |
|---|---|---|---|---|---|---|---|---|---|---|---|
| 21 | 라라베시수분크림 | 809 | 41 | 에스티로더영양크림 | 196 | 61 | 천연미네랄솔루션 | 30 | 81 | 시세이도화이트닝에센스 | 11 |
| 22 | 데이크림 | 730 | 42 | 모이스춰 | 180 | 62 | 스팀크림악마크림 | 25 | 82 | 천연미네랄샴푸 | 10 |
| 23 | 명현반응 | 698 | 43 | 멀티크림 | 176 | 63 | 수분충전 | 21 | 83 | 인소뷰제트크림 | 9 |
| 24 | 설화수영양크림 | 533 | 44 | 아쿠아크림 | 164 | 64 | 눈가붓기 | 20 | 84 | 건성피부품클렌징추천 | 8 |
| 25 | 미네랄바이오부작용 | 475 | 45 | 악마크림가격 | 148 | 65 | 인쏘뷰크림 | 19 | 85 | 경락크림 | 7 |
| 26 | 크리니크모이스춰써지 | 414 | 46 | 시세이도코리아 | 102 | 66 | 수분크림샘플 | 19 | 86 | 볼트펌프헤어샴푸 | 7 |
| 27 | 키엘오일프리토너 | 377 | 47 | 바이오미네랄 | 101 | 67 | 20대주름크림 | 18 | 87 | 효과좋은수분크림 | 6 |
| 28 | 키엘울트라훼이셜모이스처라이저 | 344 | 48 | 모이스춰써지익스텐디드썰스트릴리프 | 81 | 68 | 트러블제로삼푸 | 18 | 88 | 시세이도아이새도우 | 6 |
| 29 | 천연미네랄 | 329 | 49 | 미네랄바이오스프레이 | 76 | 69 | 모이스춰써지페이스스프레이 | | | | |
| 30 | 에스티로더수분크림 | 327 | 50 | 트러블피부수분크림 | 61 | 70 | 바이오퍼포먼스 | | | | |
| 31 | 미바 | 313 | 51 | 리프팅세럼 | 51 | 71 | 보습제품 | | | | |
| 32 | 라라세모로코아르간스팀크림 | 310 | 52 | 에스티로더수분에센스 | 46 | 72 | 쿠팡수분크림 | | | | |
| 33 | Z크림 | 271 | 53 | 40대수분크림추천 | 42 | 73 | 악마크림파는곳 | | | | |
| 34 | 시세이도에센스 | | 54 | 모이스처크림 | 41 | 74 | 수분보습크림 | | | | |
| 35 | 리프팅크림 | 254 | | 브홀크림 | 41 | 75 | 해초미스트 | | | | |
| 36 | 주름크림 | 23 | | | | | | | | | |
| 37 | 울트라훼이셜크림 | 22 | | | | | | | | | |
| 38 | 올리브영스팀크림 | 22 | | | | | | | | | |
| 39 | 아이세럼 | 21 | | | | | | | | | |
| 40 | 시세이도아이새도우 | 20 | | | | | | | | | |

'수분크림'의 경우 1개월에 특정 포털에서만 457개의 다양한 연관 검색어를 통해 319,751번의 검색이 되고 있음

• 화장품은 국내 검색 볼륨 5위 카테고리임(엔터테인먼트, 게임 등을 제외하면 가장 많이 검색되는 산업제품군)

• 화장품 관련, 네이버에서만 월간 1,500만 검색이 일어남(초당 140번의 검색)

# 커뮤니케이션이
# 불규칙하고 복잡해지다

이전에는 고객 입장에서 정보의 제약과 전달 채널 등의 한계로 커뮤니케이션이 어느 정도 패턴화되어 있거나 예측 가능한 범위가 컸었다. 그러나 디지털 시대가 되면서 커뮤니케이션 자체가 불규칙하고 이해하기 어려워졌다. 채널이 늘고 고객의 선택지가 기하급수적으로 증가하면서 기업이 고객에게 정보를 전달하기 위한 경쟁률은 수십수백 배 증가했다.

DT 시대가 되어 기업이 고객들이 남긴 라이프로그를 볼 수 있게 되면서 기업의 고민은 더욱 깊어졌다. 고객들이 자신의 정황에 따라 무수한 고려사항을 따지고 다양한 취향을 충족시키기 위해 예측 불가능한 경로로 움직이기 때문이다. 기업에게 단골의 비율은 현저하게 줄어들었다. 고객들이 다른 선택지를 더 많이 알게 되었고 거기에 접근하는 경로도 선명하게 보이기 때문이다. 시간과 거리의 장벽이 없는 디지털 세계에서 이런 현상은 더욱 심하다.

오른쪽 그림은 특정 쇼핑몰 이용자들의 이동 경로를 분석한 것이다. 고객들은 검색과 클릭을 통해 순간적으로 불규칙하게 이동한다. 고객의 이동흔적은 로그를 통해 나타나지만 어떤 '선형 구조'나 '논리적 경로'를 찾기 어렵다. 일관된 경향 대신 다양한 모습을 보인다.

〈무한도전〉을 즐겨보는 사람 중 일부는 프로그램 구성이 좋아서 그것을 선택한다. 하지만 어떤 이들은 특정 출연진의 스태프나 의상 코디네이션이 마음에 들어서 자주 보기도 한다. 고객들이 접근하고 선택하는 이 무수한 경로를 기업이 모두 해석하고 관리할 수는 없다. DT 시대 고객 커뮤니케이션은 그만큼 어렵다. 데이터 속에 숨어 있는 고객의 속마음을 발견하는 통찰도 필요하지만 다양한 툴(tool)과 방법론을 통해 이에 대응해야 한다. 그러기 위한 최초 시작점이 바로 고객 커뮤니케이션 데이터다. 홍수에 물이 귀한 것처럼 빅데이터 시대에는 어떤 데이터를 선택할지와 그 데이터 조합을 통해 나온 통찰을 십분 활용하는 역량이 무엇보다 중요하다.

오프라인의 CCTV와 같이 온라인에서의 모든 행동을 상세히 볼 수 있게 되었다.

# 고객 의사결정 방식 변화에 따른 새로운 커뮤니케이션 형태

디지털과 데이터 시대 이전의 기업들은 소비자들의 의사결정 과정을 인지부터 구매 이후 행동까지 단계별로 나누어 대응해왔다. 그리고 선형 프로세스를 따라 인지 단계부터 구매 단계로 진행했다. 기업은 트래픽(Traffic)을 견인하고 판매를 성사시키기 위해 구매 깔때기(Funnel) 양 끝인 인지와 구매 단계에 마케팅을 집중했다. 이후 온라인 채널이 생기면서 깔때기 모양의 구매 의사결정 방식은 오프라인과 온라인으로 터치 포인트를 나누어서 대응해왔다. 그러나 이 같은 과거 구매 깔때기 형태를 고수하면서 그것을 오프라인과 온라인으로 나누어 대응하는 방식은 잘못된 접근이다. 고객은 '나는 오프라인으로 인지하고 온라인으로 구매해야지'와 같이 항상 채널 관점으로 정해놓고 행동하지 않는다. 오른쪽에 나오는 그림처럼 고객 관점으로 보면 고객의 구매 과정은 하나의 원형 프로세스가 되어야 맞다.

이 과정에서 소비자들은 끊임없이 그리고 불규칙적으로 각 브랜드를 고려 대상에 넣고 빼기를 되풀이한다. 의사결정 과정은 원형의 과정 위에서 이루어지는데, 이때 구매 이후의 경험과 공유 과정이 추가되면서 다음 과정에서 고려할 브랜드를 결정하거나 다른 사람이 구매를 결정하는 과정에 큰 영향을 끼치게 되었다. 소비자들의 구매 의사결정 과정 전체에 걸쳐 브랜드가 소비자를 터치하는데, 온라인과 오프라인의 터치 포인트는 인지-친숙-고려 등의 단계적 과정이 아닌 하나의 종합적 과정으로 통합된다. 이 커뮤니케이션 과정에서 마케터가 잊지 말아야 할 단어가 2개 있다. 첫째가 '360도(holistic)'고 둘째가 '끊김 없는(seamless)'이다. 소비자가 어디에서 어떤 접점에 있든, 언제 정보를 요구하든 브랜드 경험을 제공할 수 있어야 한다. 앞서 브랜드 개념을 재정의했듯이, 이제는 고객이 온·오프라인을 불규칙하게 넘나들며 부분부분 경험한 모든 경험의 총합이 브랜드이기 때문이다. 결국 고객이 어떤 접점에서 어떤 정황을 갖고 접근했느냐를 알아내는 것이 관건이다.

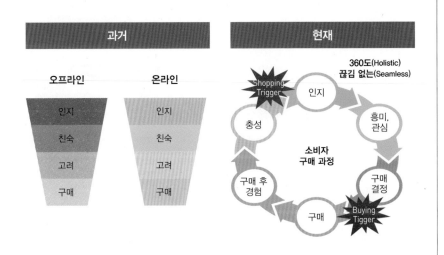

# 커뮤니케이션 뉴노멀에 대응하는 기업의 24시간 대응 체계 방향성

고객은 더 이상 시간을 정해두고 의사소통하지 않는다. 그래서 언제 어디서든 즉시 다양한 관심사를 해결하려는 고객들과 원활한 커뮤니케이션을 진행하기 위한 기업의 대응 체계에 대해서는 이전 저서 『디지털 시대 새로운 마케팅의 탄생 COD』에서 말했듯이 온·오프라인 협업적 커뮤니케이션 플랫폼 구축을 해야 한다. 이 또한 DT 시대가 되면서 진화하기 시작했다. 학습을 통해 고객 커뮤니케이션 능력을 갖춘 인공지능 '봇'들이 24시간 커뮤니케이션 체계를 갖추기 시작했다. 특히 페이스북 등 선도 기업들은 메신저 API(Application Programming Interface)를 공개함으로써 기업이 '챗봇'을 통해 24시간 고객과 커뮤니케이션할 수 있는 기반을 제공하기 시작했다.

현대 소비자들은 IoT로 연결된 환경에서 살기 시작했고 이는 순식간에 확산될 것이다. 주방에서 요리하면서 중얼거린 말이 이른바 4S('Speaker-Shaped Sponsored Spy: 광고를 장착한 스피커 모양의 인공지능 스파이라고 재미있게

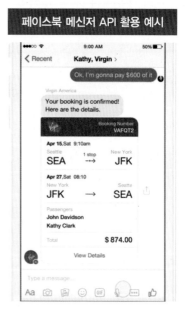

페이스북 메신저 API 활용 예시

표현해보았다)를 통해 전달되고 이것이 검색과 결합됨으로써 적절한 해답을 내놓는 24시간 커뮤니케이션 대응 체계가 가능해졌다. 이제 가족의 말을 엿들을 수도 있는 인공지능 스파이들이 이런 분석을 내놓을 날이 머지않았다. '이 집 둘째 아들은 내일 여자친구와 1박 2일 여행을 가기로 해놓고, 어머니에게는 학교 MT를 간다고 말하고 있구나!'

앞서 언급했던 커뮤니케이션의 뉴노멀에 24시간 대응하기 위해 기업들은 메신지와 음성, 이 2가지 핵심 채널의 의존도가 커질 것이다.

이와 같이 고객의 커뮤니케이션은 이제 사전적 의미부터 바뀌어야 할 정도로 새로운 기본이 형성되었다.

# 02

# 고객 타깃팅 방법론의 뉴노멀

## STP에서 SCP(정황, 접점, 취향)로

**From STP to SCP**

# 기업 전략을 달성하기 위해
# 존재하는 마케팅 전략

우리는 마케팅 전략의 오랜 방법론들을 가지고 있다. 그런데 전략이란 무엇일까? 나는 전략을 논하는 많은 분께 이 질문을 해봤지만, 스스로 '전략'이라는 것에 명확한 정의를 갖고 있는 사람을 많이 보지 못했다. 나는 전략에 대해 '목표를 정하고 차별화된 방법을 찾는 것'이라 정의한다. 여기서 '차별화된'이라는 말은 '경쟁 우위'라는 뜻이다. 기업 전략에는 다양한 방법론이 있다. 예를 들어 선점자 우위 전략(first mover advantage), 핵심역량 기반 전략(core competence), 기존 산업 자체를 재정의하는 전략(industry redefinition), 불확실성을 잘 경영해가는 전략(managing uncertainty), 시나리오별 플래닝 전략(scenario planning), 생태계 자체를 구축해나가는 전략(ecosystem building) 등 기업이 처한 상황에 부합하는 다양한 전략 방법론들이 존재한다.

마케터들이 마케팅 전략을 수립한다고 했을 때, 광고를 만들고, TPO를 수립하고 캠페인 전략과 옴니 채널 전략을 짜는 것이 우선이 아니다. 반드시 현재 기업이 처한 상황에서 경영진이 어떤 전략을 펼치고 있는가에 대한 파악이 선행되어야 한다.

마케팅 전략의 근간은 기업 전략과 연계하여 나의 브랜드와 제품, 서비스를 고객의 마음에 심기 위한 차별화된 방법을 찾는 것이며 더 나아가 성과로 이어지게 하는 것이기 때문이다.

마케팅 전략을 수립할 때 지금까지도 세그멘테이션, 타깃팅, 포지셔닝 즉 STP 전략과 SWOT 분석 등이 마케팅의 바이블과 같은 전략으로 꼽힌다. 기업이 한정된 예산과 성별, 나이 등의 제한적인 데이터만을 가지고 예산 배분을 포함한 효과적인 마케팅을 하기에 당시로서는 최적의 방법론이었다. STP 전략에 대한 상세한 상세 설명은 생략하기로 한다(검색으로 쉽게 찾을 수 있는 내용에 대해서는 이 책에서 별도로 다루지 않는다).

전통적 이론들은 마케터들이 판단하고 행동하는 데 유효한 지침이 되어왔다. 그런데 현재 이 전략과 법칙이 안 통하지만 현장의 마케터들은 대안이 없다고들 말한다. 그럼에도 불구하고 STP 전략은 역사적으로 쌓아온 강력한 권위를 가졌으며 학교에서나 현업에 이르기까지 바이블처럼 활용되고 있기 때문에 누가 선뜻 나서서 수정되고 확장되어야 한다는 논리를 내놓지 못하고 있다. STP 전략은 거성이 만든 훌륭한 방법론이지만 '디지털'의 개념이 없던 시절에 만들어진 것임을 인정해야 한다. 그리고 창조적으로 재해석되고 DT 시대에 맞게 보완되어야 한다.

STP 전략은 소비자를 평면적으로 파악할 수밖에 없었다. 방법론이 만들어질 당시 수집할 수 있는 데이터가 제한적이었기 때문이다. 첫째, 소비자가 지역, 나이, 성별, 경제력, 직업 등의 기준으로 분류될 수 있다고 보았다. 정확히 이야기하면 그럴 수밖에 없는 상황이었다. 둘째, 소비자의 행동이 예측 가능하다고 보았다. 소비자가 외부 변수로 이탈하지 않고 특정 규칙의 경로를 따라 순서대로 행동을 이어가는 선형 프로세스를 따른다고 가정했다. 물론 과거 소비자는 분명히 그런 경향이 있었다. 아니, 그럴 수밖에 없는 단순한 선택 구조였다.

하지만 현재의 소비자는 다르다. 뚜렷하게 구별되는 몇몇 기준으로 분류하기 어려우며 어떤 행동 양태를 보일지 쉽게 예측할 수 없다. 그러므로 고객 타깃팅에서 뉴노멀이 필요한 것이다.

STP 전략은 DT 시대에 맞게 진화해야 한다.

# 예측 기반 마케팅에서
# 매스커스터마이제이션으로

앞서 언급했듯이 고객을 특정 기준에 따라 분류하고 그들을 타깃으로 삼아 예측된 행동에 맞는 오퍼링을 하는 전통적 마케팅은 시대에 맞게 변화시킬 필요가 있다.

아주 오래된 STP 사례 하나를 보자. 미국의 소매약국 체인인 월그린은 2가지 세그먼트의 소비자에 주목했다. 한쪽은 고령화에 따라 수요가 늘어난 노령층이고 다른 한쪽은 퇴근 후에 쇼핑을 하는 워킹맘이었다. 이 세그먼트를 공략하기 위해서 월그린은 24시간 영업을 하기로 결정했다. 이 조치를 시행한 후 월그린의 매출은 향상되었다. 그러나 세그먼트와 타깃팅을 명확히 한 덕분은 아니었다. 예측했던 세그먼트 위주로 매출이 향상된 것이 아니라 전체 세그먼트에서 골고루 매출이 늘었다. '24시간 항상 열려 있는 곳'이라는 이미지가 형성되면서 매출 향상을 견인했다는 분석 결과가 나왔다.

굳이 월그린의 사례가 아니더라도 이 책을 읽고 있는 대부분의 마케터들이 느껴왔듯이 현장 마케팅에서 세그먼트와 타깃팅은 예측을 자주 벗어난다. 아니, 안 맞는다. 따라서 소비자의 행동을 예측하기보다는 소비자가 의사표현과 의사결정 과정에서 남긴 수많은 '데이터'를 기반으로 소비자의 니즈에 맞추어 그들이 원할 때 대응해주는 마케팅 즉, 매스커스터마이제이션(Mass-customization)과 COD(Communication On Demand)를 실현하기 위한 전략과 방법을 강구해야 한다.

월그린의 세그먼트와 타깃팅 사례는 기존 예측 방법론의 유효성에 대해 생각할 여지를 준다.

# 소비자의 롱테일 니즈를
# 존중하는 철학

나는 지금도 동료들이나 선후배들과 전략을 논할 때 '철학'이라는 단어를 가장 많이 쓴다. 기업의 설립 철학이나 사명(mission)이 무엇인지, 상품이나 서비스가 어떤 철학을 갖고, 무슨 문제와 불편을 해소하기 위해 만들어졌는지와 같은 질문에서 시작한다. 당연히 마케팅 전략은 이런 철학들과 문제 해결을 돕기 위해 존재하는 것이지, 마케팅을 위한 마케팅이 아니기 때문이다.

선도 기업들은 이미 오래전부터 다양한 데이터를 기반으로 고객의 롱테일 니즈를 충족시키기 위해 노력해왔다. 한 예로 아마존이 이미 12년 전 잭 웰치의 『위닝(Winning)』이란 책을 판매하면서 제공했던 정보를 보자.

아마존은 일반적인 서적 정보 외에도 키워드를 중요도에 따라 배치했고 문장과 단어의 개수, 복잡한 단어의 비율 등 상세한 내용을 알려주었다. 그뿐만 아니라 1달러당 단어 수, 1온스(무게 단위)당 단어 수 같은 시시콜콜한 정보도 제공하고 있다.

아마존이 이렇게까지 한 이유는 무엇일까? 특정한 취향과 요구 사항, 롱테일 니즈를 가진 고객들의 요구까지도 구매로 연결시키기 위함이다. 예를 들어 장거리 여행을 떠나면서 두 권 중 한 권을 선택해야 할 상황인 고객이라면 이렇게 생각할 수 있다. '좋은 내용이면서 짐의 무게를 줄일 수 있는 책을 선택해야지.' 이런 고객에게는 무게당 단어 수 같은 지표가 구매에 결정적인 영향을 끼친다.

이와 같이 기존에 존재하지 않던 세그먼트를 데이터 기반으로 매칭시켜주는 방식을 통해 기존의 STP 방식이 정교해지고 있다. 오래전부터 데이터와 고객의 롱테일 니즈를 중시해온 아마존의 철학과 역량은 최근 로봇 물류, 드론 배송 등과 같은 혁신적 성과로 나타나고 있다. 이 모든 것은 설립자인 제프 베조스(Jeffrey Bezos)의 설립 철학 중 "고객이 천만 명이면 천만 개의 숍(shop)을 제공한다"는 매스커스터마이제이션(mass–customization)에 기반을 두고 있다.

## 아마존이 제공한 다양한 팩트 정보 사례: 잭 웰치의 『위닝』

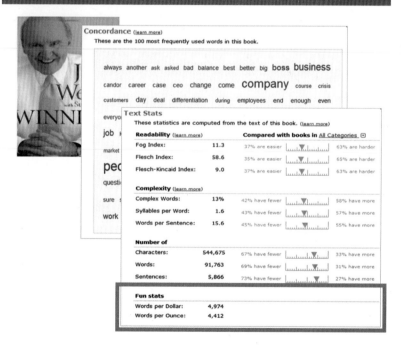

# 롱테일 니즈와
# STP 전략의 연동

STP 전략의 기본 개념은 너무나도 우수하고 중요한 것이다. 없애거나 전혀 별개의 이론을 만들어야 할 이유가 없고 마케팅 환경에 맞게 수정되고 확장되어야 한다. 그런데 STP 전략을 확장하는 가장 쉬운 방법임에도 많은 마케터가 놓치는 부분이 바로 검색어 연동이다. 검색어가 소비자의 다양한 니즈를 반영한다는 것은 누구나 알고 있어서 검색 마케팅이란 명목 하에 다양한 검색어와 연동된 광고를 많이 하고 있다. 그러나 문제는 검색 광고와 STP 전략이 결합 또는 연동되어야 함에도 별개의 부서가 하거나 심지어는 별개의 에이전시를 통해 추진하는 경우가 많다는 것이다. STP 전략을 검색어 연동까지 확장하고 수정해야 한다는 개념에 따라 검색 엔진 회사들이 만든 '검색 엔진 마케팅(SEM)'이라는 돌연변이를 별도로 학습하다 보니 일어나는 현상이다. 즉 고객 관점의 접근이 아닌 테마와 기술 관점의 접근을 한 산물이다. 그렇다면 고객 관점에서 고객의 롱테일 니즈(검색어)와 STP를 어떻게 연동해야 할까?

뒤에 등장하는 그림은 한 화장품 브랜드의 'KK'라는 제품에 대한 사용자 검색량을 예로 든 것이다. 우선 가장 중요한 시작점은 소비자의 검색 키워드들을 인지, 비교, 구매, 충성도 등으로 그룹핑하는 것이다. 물론 검색어 그룹핑은 산업에 따라, 기업 전략에 따라 다양한 카테고리화가 가능하다. 'KK 가격', '저렴이 KK' 같은 검색어는 3개월간 9만 8,000회, 8만 6,000회나 된다. 이것들은 구매로 이어질 확률이 매우 높은 검색어다. 그다음으로 '팬페이지'나 '포인트몰' 등은 충성도와 관련이 높은 검색어다. 기업은 이런 검색 데이터를 전략적으로 고객 커뮤니케이션에 연동함으로써 구체적인 목표를 달성하는 데 큰 도움을 받을 수 있다. 예를 들어 매출을 높이는 전략일 때는 구매 가능성이 높은 키워드를, 제품 인지도를 높일 때는 제품 정보 관련 키워드를, 충성 고객을 확보하려 할 때는 고객 충성도 관련 키워드를 집중적으로 광고하는 식으로 관리하면 된다.

그렇지만 효율적인 검색 광고 전략을 실천하지 못하는 기업이 의외로 많다. 단순히 검색량이 많거나 전환율이 높다는 이유만으로 비싼 키워드를 구매해서 광고하는 경우도 많고, 검색 광고 대행사에 맡겨놓고 아예 관심을 꺼버린 경우도 있다. 검색어 STP 전략과 연동해서 검색어 광고 선택을 해야 하고 주도적이고 전략적으로 소비자 검색에 대응할 필요가 있다. 소비자는 검색을 통해 기업에게 말을 걸고 질문을 하는 셈이다. 이만한 마케팅 기회는 없다.

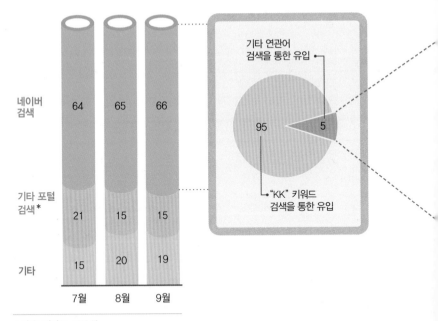

**KK 웹사이트 유입 채널(%)**

네이버
검색

| 64 | 65 | 66 |

기타 포털
검색*

| 21 | 15 | 15 |

기타

| 15 | 20 | 19 |

| 7월 | 8월 | 9월 |

기타 연관어
검색을 통한 유입

95    5

"KK" 키워드
검색을 통한 유입

\* 다음, 네이트, 구글 등

\* 자료: 예시

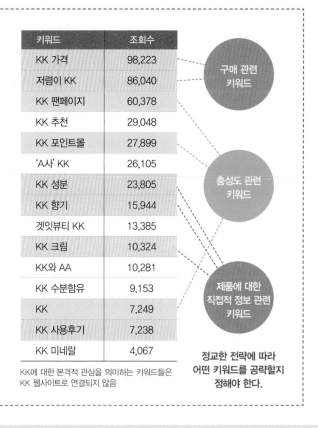

## 'KK' 연관 키워드

| 키워드 | 조회수 |
|---|---|
| KK 가격 | 98,223 |
| 저렴이 KK | 86,040 |
| KK 팬페이지 | 60,378 |
| KK 추천 | 29,048 |
| KK 포인트몰 | 27,899 |
| 'A사' KK | 26,105 |
| KK 성분 | 23,805 |
| KK 향기 | 15,944 |
| 겟잇뷰티 KK | 13,385 |
| KK 크림 | 10,324 |
| KK와 AA | 10,281 |
| KK 수분함유 | 9,153 |
| KK | 7,249 |
| KK 사용후기 | 7,238 |
| KK 미네랄 | 4,067 |

구매 관련 키워드

충성도 관련 키워드

제품에 대한 직접적 정보 관련 키워드

KK에 대한 본격적 관심을 의미하는 키워드들은 KK 웹사이트로 연결되지 않음

정교한 전략에 따라 어떤 키워드를 공략할지 정해야 한다.

# 데이터 분석 렌즈의 진화,
# 빅데이터 모델링을 통한 고객 정황 파악

STP 전략이 만들어질 당시 수집될 수 있는 데이터는 한정적이었다. 그런데 사회가 복잡해지면서 소비자를 나이·성별·직업·수입·정서·교육 수준 등의 인구통계학 기준으로 세분화시킨 데모그래픽 데이터로는 소비가 일어나는 정황을 파악할 수 없게 되었다. 예를 들어 20대 대졸 전문직 여성이 어디에서 무엇을 살지 예측하기 어렵다. 분석 결과도 정확하지 않다. 그래서 현장의 마케터들은 다양한 소스로부터 데이터를 수집해서 모델링을 통해 소비자의 정황(context)을 파악하려 노력해왔다.

이제 데이터 분석 렌즈는 소비자를 인구통계, 소비 태도, 소비 형태를 분석하는 과정을 뛰어넘어 니즈, 정황(context), 취향(preference, taste)을 파악하는 쪽으로 진화하고 있다.

기존 분석 렌즈에 정황별 니즈 분석을 덧붙임으로써 소비자에 대한 이해 확장과 효과적인 커뮤니케이션이 가능해졌다. 정황에 따른 소비자 니즈를 파악할 때 마케터가 가장 널리 활용하는 기준이 TPO(Time, Place, Occasion)이다.

시간(Time)은 소비자가 처해 있는 시간적 환경을 말한다. 소비자는 '퇴근 길'이나 '짜증나는 오후', '졸린 새벽녘'과 같은 구체적인 '시간'에 따른 니즈를 갖는다. 장소(Place)에 따라서도 구체적인 니즈가 있다. '여름 바닷가', '조용한 도서관', '전통시장' 등 소비자가 위치를 둔 장소에 따라 니즈가 세

# 데이터 분석 렌즈의 진화 및 모델링

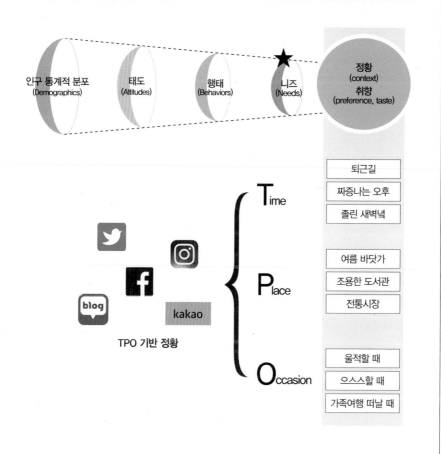

인구 통계적 분포
(Demographics)

태도
(Attitudes)

행태
(Behaviors)

니즈
(Needs)

정황
(context)
취향
(preference, taste)

Time

Place

Occasion

TPO 기반 정황

퇴근길

짜증나는 오후

졸린 새벽녘

여름 바닷가

조용한 도서관

전통시장

울적할 때

으스스할 때

가족여행 떠날 때

분화된다. 그리고 상황(Occasion)에 따라서도 구체적인 니즈가 생긴다. 예를 들어 울적할 때, 으스스할 때, 가족 여행을 떠날 때 등과 같이 각각의 상황에서 원하는 것이 다 다르다. 마케터들이 마케팅 전략을 수립할 때 귀가 따갑게 들어온 말이 'TPO 전략'이기도 하다. 그런데 마케터들이 고객 세그멘테이션을 할 때는 TPO를 제대로 활용하지 못하는 경우가 많다. '20대 미혼 여성' 등과 같이 이제는 일반화하기가 불가능해진 인구통계학적 분류 기준만을 가정하고, 데이터 분석 없이 특정 고객의 행동을 무리하게 예측하려 한다. 이런 태도는 마케팅 전략이 실패하는 중요한 원인이 되곤 한다. DT 시대가 되면서 고객의 분석은 데이터를 기반으로 정황과 니즈를 파악하는 것이 다양한 정황 모델링을 통해 가능해졌으므로 그 방향으로 진화해야 한다. 예를 들면 퇴근길에 울적한 사람을 타깃으로 삼는 것이다. 그것도 지금!

이제 STP가 아니라 S(Semantic: 고객 정황), C(Channel: 고객 접점), P(Preference: 고객 취향)만이 존재한다.

# 소비자의 정황은 셀 수 없는
# 세그먼트를 만들어낸다

다양한 데이터를 통해 소비자의 정황을 파악하고 그룹핑할 수 있게 되면서
이것이 기업의 STP 전략에 적용되기 시작했다. 아래 그림은 화장품 소비에
관한 것이다. 나는 실제 모 브랜드의 기존 11개의 단순한 세그먼트를 180개
로 늘려서 적용한 적이 있다. 이런 분석은 '디지털 환경'이기 때문에 가능한
것이다. 디지털과 데이터가 없이는 이 많은 분류를 하기도 어렵거니와 적용
해서 각각의 오퍼링에 반영하여 실행하는 것도 불가능하다.

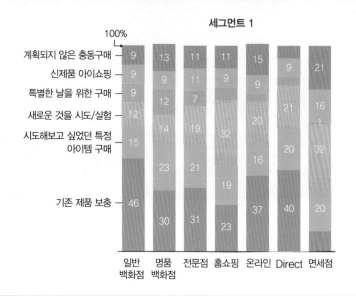

프리미엄 세그먼트의 채널별 쇼핑 수

* 자료: 예시

계획되지 않은 충동구매 상황에서는 어디서 사는지, 기존 제품을 보충할 때는 어디서 사는지 등 정황에 따라 무수한 경우의 수가 있음을 알 수 있다. 따라서 기업은 고객의 채널별 방문 정황(Context)을 다양하게 정의하고 이에 따른 채널 목적별 고객 커뮤니케이션 메시지와 상품 전략을 수립할 필요가 있다.

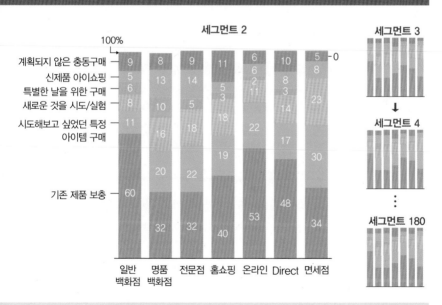

%: 연간 평균 쇼핑 수

# 마케팅에서의
# 시멘틱·머신러닝·인공지능

알파고와 이세돌이 벌인 세기의 바둑 대결 이후 인공지능에 대한 관심이 뜨겁다. 나아가 인공지능은 대중적 흥미의 차원을 넘어서 대안적 미래 기술로 꼽히고 있다.

그렇다면 인공지능은 마케팅과는 관련이 없는 산업 기술의 영역인가? 그렇지 않다. 인공지능은 마케팅과 밀접한 연관이 있다. 인공지능으로 인해 고객의 삶이 바뀌고 있고 정보 습득 방식, 특히 추천 방식에 큰 변화를 몰고 올 것이기 때문이다(추천 방식 진화에 대한 부분은 다음 장에서 별도로 다룬다). 따라서 마케터는 인공지능이 몰고 올 고객 변화에 대해 민감하게 관심을 가져야 한다.

가장 빠르게는 검색하는 방식이 챗봇, 음성 인식 기술과 인공지능이 융합되고 있으며 고객의 정보 습득, 행동 반경 등에 다양한 변화가 진행되고 있다. 인공신경망, 머신러닝, 인공지능 등의 기술들이 마케팅에 주는 의미는 고객의 정황 인식, 즉 시멘틱을 가능하게 한다는 것이다.

시멘틱(semantic)은 '정황 인식'이라는 뜻의 영단어다. 한 가지 예를 들어보자. 여럿이 모인 장소에서 박지성 사진을 놓고 한 사람씩 생각나는 대로 이야기하라고 하면 '축구', '히딩크', '아나운서' 등의 단어가 나온다. 이때 누군가는 불쑥 '유해진'이라고 한다. 그러면 주위 사람들이 웃는다. 내가 동의하든 그렇지 않든 그 사람이 왜 '유해진'이라고 말했는지 알 것 같다. 나도 모르게 '닮았으니까 그랬겠다'는 생각이 든다. 이런 것이 바로 사람만이 할 수 있다는 정황 인식(context aware) 즉, 시멘틱이다.

시멘틱 분석은 단순한 데이터를 처리하는 수준을 넘어 데이터의 조합이 내포한 속뜻을 알아차리며 논리적 추론도 해내는, 사람의 영역에 가까이 가기 위한 시작점이다. 마케팅에서 시멘틱은 결국 소비자가 남긴 무수한 데이터의 의미, 데이터 간의 연관 관계와 맥락을 파악하여 정황에 맞는 커뮤니케이션을 하기 위한 방법이라 할 수 있다.

기업들은 시멘틱 분석을 위해 데이터를 조합해야 하고 방대한 데이터를 모아 모델링을 해야 한다. 먼저 '이 사람이 이 검색어를 통해 들어와서 이 페이지에 있는 이유는 이걸 사려고 들어왔다가 이걸 보려는 것이다' 등과 같이 정황을 인식한다. 즉 다양한 케이스를 '러닝'한다. 이것이 '머신러닝' 이다. 그리고 머신이 그간 학습한 정황 인식을 바탕으로 이와 유사한 케이스에서는 이렇게 했는데, 이 케이스 역시 이렇게 할 것이라고 예측하며 새로운 알고리즘을 만들어내는 것이 마케팅에서 간단히 활용되는 딥러닝 이라 할 수 있다. 이처럼 기업 마케팅은 데이터 과학과 인공지능 기술을 기반으로 새로운 차원으로 접어들고 있다.

마케터는 머신러닝, 딥러닝, 인공지능의 기술적 부분과 현상에 어려운 접근을 하려고 욕심 내기보다는 이로 인해 바뀌는 소비자 행동과 그들의 정황을 파악하는 데 집중해야 한다. 이 정도로도 큰 차이를 낼 수 있다.

시맨틱이란?

박지성

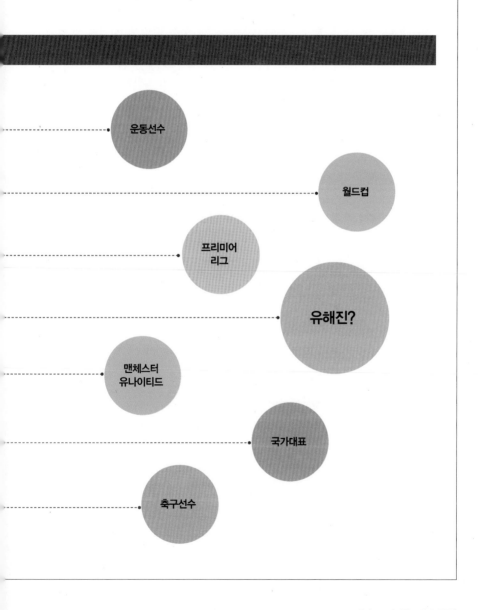

운동선수

월드컵

프리미어
리그

유해진?

맨체스터
유나이티드

국가대표

축구선수

# DT 시대
# 옴니 채널 타깃팅

데이터 시대는 타깃팅에도 새로운 전략을 요구하고 있으며 다양한 데이터 기반의 타깃팅 광고 또한 선보이고 있다. 소비자는 다양한 채널을 불규칙하게 넘나든다. 이른바 무빙 타깃(Moving Targer)을 정교하게 조준해야 한다. 지금 소비자도 이런 서비스를 접하면서 기대 수준이 무척 높아져 있다. 기존의 무성의한 타깃팅은 이제 안 하니만 못하다. 따라서 옴니 채널 시대 소비자 행동에 맞게 메시지를 조합하고 연동시키며 적중률을 높이려는 노력이 필요하다.

현재 여기에 대한 구체적인 사례들도 쉽게 찾아볼 수 있다. 예를 들어 모바일 쇼핑몰에서 특정 제품을 장바구니에 담았는데 페이스북에 들어가자마자 "20% 할인"이라고 뜨는 식이다. 옴니 채널에서 소비자 행동을 기반으로 기존 타깃팅에 타 채널까지 연계하여 리타깃팅하는 방식을 쓰는 것이다.

DT 시대의 마케터는 옴니 채널 타깃팅을 마케팅 전략에 구체적으로 담아야 한다. 각 채널과 스토어마다 파편적인 마케팅을 할 것이 아니라 일관되고 계획된 전략과 메시지로 옴니 채널 타깃팅을 전개하는 게 바람직하다. 예를 들어 페이스북의 DR(Direct Response) 광고 등 옴니 채널과 연동된 다양한 리타깃팅 광고들이 출시되었는데, 이는 쇼핑몰과 페이스북 로그인을 통한 데이터 연동 방식 등과 같이 결국 데이터에서 시작하고 있다.

제품 광고의 메시지가 각종 미디어와 온라인 채널, 콜센터 상담원, 홈쇼핑 호스트, 마트 판매원의 대화에 이르기까지 고객에게 일관된 경험으로 제공되고 채널 각각은 자신의 전략적 역할에 충실하도록 다양한 방법이 존재하는 시대가 되었다.

## 리타킷팅 대상 선정 및 정보 수집

**정황 정보**

| 상품 구매 단계에 따른 소비자 정황 | 쇼핑몰 메인 | 쇼핑몰 메인 페이지만 방문한 고객 |
| | 상품 검색 | 상품 검색을 하고 이탈한 고객 |
| | 상품 상세 페이지 | 상품 상세 정보를 파악한 뒤 이탈한 고객 |
| | 쇼핑몰 로그인 | 로그인을 시도 후 이탈한 고객 |
| | 장바구니 담기 | 장바구니에 담은 뒤 결제하지 않은 고객 |
| | 결제 완료 | 상품 구매까지 완료한 고객 |

**고객 로그(정황)에 기반을 둔 리타깃팅 정교화**

## 페이스북 이용자 정보

**페이스북 제공 정보**

| 관심사 | 지역 | 라이프 스타일 | 성향 | 인구통계 | 구매이력 |

## 맞춤형 광고 소재와 메시지

**맞춤형 오퍼링**

| 상품 갱신 주기 도래 고객 | 주 고객과 유사한 고객 | 신규 구매 고객 | 관련 상품 구매 고객 |

SPECIAL COUPON
회원가입 혜택

| 상품 갱신 주기 도래 고객 | 주 고객과 유사한 고객 | 신규 구매 고객 |

5%

* 자료: 예시

# 타깃팅의 최종 목표,
# 취향 저격

〈취향 저격〉이라는 노래가 큰 인기를 끌었었다. 현대는 취향의 시대다. 소비자는 자신의 취향에 딱 맞는 선택을 할 때 가장 큰 만족감을 느낀다. 그런 점에서 '취향 저격'은 타깃팅의 최고 경지라 표현할 수 있다.

하지만 특정 고객의 취향을 찾아내는 일은 거의 불가능하게 여겨졌다. 과거 인구통계학적 분류나 예측 모델을 이용해서는 아무리 많은 데이터를 조합하더라도 고객의 세밀한 취향에 접근할 수 없었기 때문이다. 더욱이 같은 사람도 정황에 따라서 취향이 달라지기 때문에 움직이는 타깃의 움직이는 취향에 도저히 다가설 수 없었다. 또한 고객도 자신의 취향을 정확하게 표현하기 어려웠고 제대로 알지 못하는 경우도 많았다.

DT 시대에 들어서면서 이런 상황은 달라졌다. 대중들이 자신의 정황과 그 속에서 이루어진 자신의 선택을 데이터로 남기기 시작했다. 이 데이터들이 방대하게 축적되면서 대중이 취향을 어떻게 표현하는지, 그 기준이 무엇인지를 짐작할 수 있게 되었다.

'인공지능이 운영하는 취향 검색 포털'을 표방한 마이셀럽스(mycelebs.com)는 취향 타깃의 새로운 가능성을 보여준다. 인공지능이 고객의 정황과 선택 데이터를 실시간으로 방대하게 수집하고, 머신러닝과 딥러닝을 거쳐 취향 데이터를 추출한 다음 이를 사용자에게 검색 선택지로 제공하는 것이다. 현재 내가 처한 상황에서 나는 어떤 영화나 웹툰, 미술 작품을 원

현재 대중의 '병맛 스
타'라는 언급과 동시
언급되는 표현들을 머
신이 큐레이션해준다.

사용자들이 대중의 취
향과 다른 본인의 취
향을 찾을 수 있다.

내 취향의
스타 찾기

내 취향의
영화 찾기

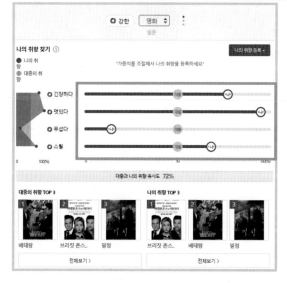

하는지, 어떤 와인이나 맥주를 마시고 싶어 하는지를 대중의 취향과 비교하여 나타낸다. 나의 스타 취향이 어떤지도 알 수 있다.

고객의 정황과 니즈를 넘어 취향에 맞춘 타깃팅을 전개하는 것이야말로 DT 시대 마케팅이 저격해야 할 타깃팅일 것이다.

내 취향의
옷 찾기

내 취향의
웹툰 찾기

# 03

# 고객 관계 관리(CRM)의 뉴노멀

## CRM에서 CMR(Customer-Managed Relationship)로

### From CRM to CMR

# 아직도 감히
# 고객을 관리하겠다는 기업들

CRM은 'Customer Relationship Management'의 약자다. CRM은 말 그대로 기업이 주체가 되어 고객의 관계를 관리한다는 의미다. 기업이 자체 축적된 기본 데이터를 활용해서 고객과의 관계를 정의하고 통제할 수 있다는 발상이 여기에 포함되어 있다.

아직도 많은 기업의 CRM 조직들은 고객 인지 데이터와 구매 데이터 등만을 가지고 기존 구매 패턴을 분석해서 추천해주는 데만 집중하는 경향이 많다. 예를 들어 A 제품을 산 사람을 B 제품을 살 것이라 '예측'하고 그것을 '추천'하고 관련 제품들을 '오퍼'한다.

고객이 언제 어디로 튈지 모르는 디지털과 DT 시대에 이것이 과연 실현 가능할까? 기업이 컨설팅을 받고 CRM 시스템을 도입했다는 뉴스는 많았지만, 그것이 성공했다는 사례를 접한 적이 있는가? 기존의 제한적인 데이터로는 가능하지 않는 접근이었다.

이제는 고객과 기업과의 관계에서 그 주도권을 고객에게 돌려주어야 한다. 따라서 기업이 이끄는 CRM보다는 고객이 스스로 자신의 관계를 관리하는 CMR(Customer-Managed Relationship)로 변모해야 한다.

이제 소비자를 '예측'해서 무엇을 하려 하기보다는, 그들이 원하는 대로 하게 해주고 그 과정에서 그들의 라이프로그를 분석해서 원하는 것(ondemand)을 가장 빠르게 맞춰주는 것이 발상의 시작점이 되어야 한다.

# 소비자로의
# 권한 이양(empowerment)

디바이스의 운영체제(OS: Operating System) 진화를 통해 CRM이 CMR로 이동하는 논리를 추론해볼 수 있다. 예전에는 PC 중심으로 거의 대부분이 마이크로소프트의 윈도우즈(Windows)를 구매해서 사용했다. 윈도우즈는 폐쇄형 OS였다. 제어판, 탐색기 등 다양한 기능들은 주어진 그대로 썼다. 중요한 기능 중에 내가 바꾸거나 따로 만들어 쓸 수 있는 부분은 없었다.

그러다 스마트폰 등장과 함께 애플의 iOS와 구글의 안드로이드가 새로운 운영체제로 등장하였다. 이들은 API(Application Programming Interface: 응용 프로그램 프로그래밍 인터페이스)를 만들어 공개하여 소비자들에게 모바일 기기의 각종 기능에 접근할 수 있는 권한을 주었다. 또한, 사용자들이 앱마켓 등을 통해 다양한 기능과 서비스를 고치거나 추가해서 쓸 수 있도록 한 것이다.

그들은 "우리가 성능이 좋은 스마트폰 디바이스와 운영체제를 제공하겠습니다. 그 밖의 모든 것은 마음대로 하십시오. 추가로 필요한 것이 있으면 만들어 쓰시고 앱 마켓에 올려 공유하십시오. 또한 음악을 좋아하는 분들은 음악 관련 앱을 중심으로 음악 기기처럼 사용하시고 사진을 좋아하시는 분들은 고급 카메라처럼 활용하십시오"라고 선언한 것이나 마찬가지다. 즉 관계 관리의 주도권을 고객에게 완전히 이양한 것이다. 모바일 운영체제가 선택한 CMR 전략은 주효했다. 전 세계적으로 엄청난 생태계를 구축하며 확장을 거듭했다.

## 안드로이드(Android)의 특징

- **개방적(Open)** 표준 API를 통해 소비자들이 모바일 기기의 각종 기능에 접근할 수 있게 해줌
- **경계 파괴** 웹에서 도출하는 정보를 휴대폰상의 데이터와 결합시킴(예: 연락처 정보 지리적 위치)
- **신속하고 수월한 개발** SDK는 진정한 디바이스 에뮬레이터와 디버깅 툴을 포함함

❝ 구글은 "집단지성"(Collective intelligence)과 오픈 API를 통해, 고객이 애플리케이션을 관리할 수 있도록 해주었다. 이는 전통적인 CRM에서 CMR로의 전환을 의미한다. ❞

모바일 운영체제가 관계의 주도권을 완전히 내놓으며 얻은 것은 무엇일까? 바로 데이터다. 소비자는 자신들의 주도로 운영체제를 재구성하고 음악, 지도, 일정, 검색 등 일상생활에서 다양한 앱을 무료로 사용하면서 수많은 데이터를 생성한다. 동의 여부와 정도에 따라 다르지만 어쨌든 이 데이터를 기업에 제공하고 있다. 혹은 데이터를 제공해야만 서비스를 이용할 수 있다.

그들은 소비자에게 전면적으로 권한 이양을 하며 말한다. "이제 당신들이 알아서 하십시오. 그리고 당신이 자유롭게 행동하면서 거래된 수수료와 생성된 데이터를 우리에게 주십시오. 우리가 당신의 정황에 맞게 다양한 추천과 오퍼(offer)를 할 수 있도록 허락해주세요."

DT 시대의 앞서가는 기업들은 더는 과거 기법들을 통해 소비자를 예측·관리·통제하고 관계를 주도하려 하지 않는다.

과거 일부 전화기 회사들은 눈이 침침해진 고령 사용자를 위해 숫자 버튼을 크게 한 실버폰이라는 것을 출시했지만 시장에서 먹히지 않았다. 고령 소비자는 시력이 떨어지고, 시력이 약해지면 큰 버튼을 선호할 것이라는 예측이 적중하지 않은 것이다. 이처럼 소비자를 기업이 만든 틀 속에 묶어두고 예측하려는 식의 시도는 성공하기 어려워졌다. 소비자에게 그들을 제어하고 통제하던 권한을 이양하고, 그 대신 그들이 제공하는 데이터를 통해 수익을 내야 한다.

## 크롬 캐스트

- 구글은 모든 디바이스의 브라우저를 구글 크롬으로 장악해가며 '연관된 소비 (Connected Consumption)'를 강화시키려는 시도를 하고 있다.
- IPTV 시대가 되면서 TV의 운영체제, 즉 첫 화면을 장악하기 위한 전쟁이 한창이다.

# DT 시대
# 추천을 다시 생각한다

이쯤에서 짚어보아야 할 점이 '추천'이라는 것이다. 많은 사람이 디지털 시대를 맞아 사람들의 취향이 다양해졌다고 하는데, 나는 조금 생각이 다르다. 인간의 취향은 원래 다양했다. 그것을 깨닫고 취향에 맞는 제품이나 서비스를 추천해주는 방법 자체가 다양성을 못 맞춰주거나 깨우쳐주지 못한 것일 뿐이다.

추천이라는 방법은 초기 개인 간 추천 방식에서 '진열(display)'이라는 방식으로 진화했다. 이후 검색이 등장하여 진열되지 않은 것들에 대해서도 사람들

**추천 방식의 진화와 방향성**

디지털 기술의 발전과 함께 인간의 다양한 취향을 추천해줄 수 있는 시대가 도래하고 있다.

원래 다양한 인간의 취향 → 진열

소수의 전문가가 선별하는 큐레이션

이 찾아낼 수 있게 되었다. 소셜 미디어의 등장으로 인해 진열과 검색으로 추천되던 것들이 개인들에 의해 분산 추천(cascading: 분수처럼 다양한 줄기로 분산 추천)됨으로써 개인들의 다양한 취향들은 어느 정도 실현되기 시작했다.

DT 시대에는 어떤 방향으로 변화해야 할까? 앞서 언급했듯이 대중이 남긴 무수한 데이터를 통해 세상의 모든 제품을 대중의 정황과 언어로 재분류할 수 있게 됨에 따라(이 부분은 5장에서 별도로 다룬다) 대중의 취향을 기반으로 추천할 수 있게 되었다.

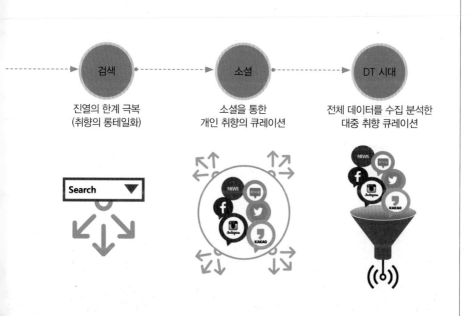

검색
진열의 한계 극복
(취향의 롱테일화)

소셜
소셜을 통한
개인 취향의 큐레이션

DT 시대
전체 데이터를 수집 분석한
대중 취향 큐레이션

# 정답 찾기(finding answer) VS.
# 문제 해결(problem solving)

예민한 부분이긴 하지만 짚고 넘어가고 싶은 점이 있다. 추천에 대한 우리나라와 선도국의 차이다. 세계 주요 전자상거래 업체나 검색 엔진들이 우리나라에 진출하지 않거나 국내 시장에 정착하지 못하는 경우가 많다. 옳고 그름의 문제는 아니지만, 그중 추천 철학 차이를 설명하고자 한다. 우리나라에서는 어릴 때부터 정답 찾기(finding answer)식 교육을 해왔다. 이러한 부분이 주는 반대급부는, 정답이 아닌 나머지는 오답 처리가 된다는 것이다. 이러한 점들이 이분법이 되고 '다름'과 '다양성'을 인정하기보다 '옳고 그름'으로 귀결되는 많은 사회적 반대급부를 낳고 있다고 나는 생각한다. 선도국의 교육은 이미 많이 알려졌듯이 '문제 해결(problem solving)' 방식이다. MBTI(Myers-Briggs Type Indicator)가 존재하듯, '다름'을 받아들이

고, 정답과 오답은 합법과 상식이라는 형태로 존재할 뿐이다. 롱테일의 법칙이나 블루오션이라는 철학도 이런 바탕 위에서 탄생한 것이다. 이와 같은 철학들이 DT 시대로 접어들어 대중의 다양한 취향을 데이터의 힘을 빌려 참고하고 제시할 수 있게 되고, 또한 IoT 시대가 되어 음성 검색으로 발전함에 따라 기존에는 정답 찾기 방식과 문제 해결 방식, 이 2가지 중에서는 느끼지 못했던 괴리가 발생하기 시작했다.

우리도 "너 이거 맞지?", "아니야?", "그럼 이건 맞아?"와 같이 정답을 찾아내는 식의 기존 검색 엔진들의 추천 철학에서 대중의 데이터를 바탕으로 함께 문제 해결을 하는 철학으로의 전이가 필요해졌다.

# 데이터 기반의
# 추천 철학

앞에서 기업이 제한된 데이터 기반의 예측을 바탕으로 고객에게 무엇인가를 '추천'하려는 경향이 존재한다고 이야기했다. 심지어는 인공지능 시대에도 이런 추천 철학이 유지되고 있다.

요즘 많은 기업이 앞 다투어 출시하고 있는 인공지능 스피커를 예로 들어보자. 만약 이용자가 "나 오늘 우울해"라고 말하면 스피커는 "신나는 음악을 틀어줄게요" 등으로 말한다. 예측 또는 짜인 시나리오에 맞추어 답을 내놓고 있는 경우가 대부분이다. 담당자들 업무 방식 또한, 데이터에 기반하기보다는 아이디어를 내고 그것을 단순히 맵핑(mapping)시키는 정답 찾기 방식을 택하고 있는 경우가 아직은 대부분이다. 그렇지만 그 사용자는 신나는 음악이 내키지 않을 수 있다. 아니 음악 그 자체가 싫을 수도 있다. 그렇다면 추천을 할 때 결과에 대한 반발을 최소화하는 철학과 문제 해결 방식은 무엇일까?

첫째, 대중이 남긴 방대한 데이터를 기반으로 "다른 사람들은 이럴 때 이렇게 한다"고 말하는 방식이다. 이미 아마존 같은 곳에서는 '이 책을 산 사람들이 봤던 책'과 같이 '다른 사람들'에 대한 데이터 활용이 이루어져 왔으며, 이에 사람들은 '다른 사람들이 이러는구나'라는 사실에 관대해지는 경향이 크다.

둘째, 고객을 의사결정에 참여(co-creation)시키는 것이다. 펩시콜라의 블라인드 테스트 캠페인 등 고객 참여 캠페인들을 상기해보자. 자신이 참여한 브랜드에 대해서는 관심과 애정이 커짐을 알 수 있다. 디지털에서도 마찬가지다. 직접 선택하거나 가중치를 매기는 식으로 직접 참여시켜 선택의 여지를 주는 방식이다.

셋째, 작은 취향이라도 존중하는 추천 철학이 반영되어야 한다. 데이터를 보면 적은 수이긴 하지만 달콤한 것이 먹고 싶을 때 에스프레소를 찾는 사람도 있다. 이런 롱테일 취향조차 존중받는 철학을 추천에 반영해야 한다. 이 어려운 부분들이 DT 시대가 되면서 적용이 가능해졌다.

넷째, 최신 트렌드나 취향이 반영된 선택지어야 한다. 이 부분 또한 추천에 대한 신뢰를 주는 중요한 부분이다. 이 부분은 상당히 중요하다. 롱테일 시대에 몇 가지 선택지만이 늘 상위를 점하고 있는 것은 말이 안 된다. 아직도 인공지능 스피커를 설계할 때 작가 등을 참여시켜서 특정 질문에 대한 대답 시나리오를 미리 작성해두었다가 그것을 활용하여 이용자의 질문에 대답하면서 이를 인공지능 스피커라고 말하는 기업들은 소비자를 기만하는 것이다. 고객을 예측하여 기업의 틀에 가두는 것인데도 대부분의 인공지능을 표방한 IoT 기구들이 이런 방식을 쓰고 있다.

인공지능이 운영하는 취향 검색 서비스인 마이셀럽스는 "나 오늘 우울해"라고 말하는 이용자를 향해 대용량의 대중 데이터 분류를 기반으로 "다른 사람들은 이때 음악을 듣거나 운동을 하고 간식을 먹는다"는 식으로 데이터를 기반으로 해서 '다른 사람'의 행동에 대해 힌트를 주는 방식에서 출발한다. 이용자가 "어떤 음악을 듣느냐?"고 더 자세히 물으면 "신나는 음악을 주로 듣지만, 매우 슬픈 음악을 듣는 사람도 있다"고 제시할 수 있다. 이런 대화를 주고받으며 이용자는 롱테일한 취향 선택에 참여하고 자신의 취향을 데이터로 남긴다. CMR 시대의 추천은 이렇듯 고객이 주도하는 가운데 이루어져야 한다.

CMR의 가치를 바탕으로 고객이 참여하고 주도하는 추천은 어떻게 이루어질까? 마이셀럽스의 추천 메커니즘을 살펴보자. 우리는 과거 '작품성이 좋은 영화'를 추천받으려면 전문가를 자처하는 사람들이 정한 랭킹을 참고로 했다. 이후 기사나 개인 블로그나 소셜 미디어 등을 통해 '작품성이 좋은 영화'에 대해 다양한 관점의 포스팅들이 쌓여왔다. 마이셀럽스 추천 엔진은 이와 같은 수많은 문서들을 수집해서 좀 더 고차원적인 취향 추천을 하고 있다.

① 먼저 구글에서 '작품성이 좋은 영화'를 검색해보자. 그러면 마이셀럽스는 검색 결과를 통해 "인공지능이 수집한 작품성이 좋은 영화에 대한 대중의 취향은 '연출력, 연기력, 명대사, 철학적이고 개연성이 있다'로 이루어져 있습니다"라고 답한다. 대중이 판단하는 '작품성 좋은 영화'의 기준

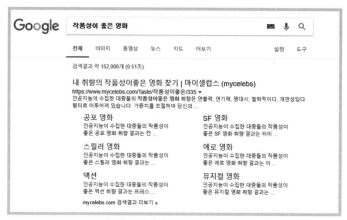

현재 구글에서 최우선으로 추천되는 마이셀럽스 웹페이지

대중이 언급하는 내용들을 인공지능이 제시하고 고객이 가중치를 조절해서 자신의 취향을 찾을 수 있게 했다.

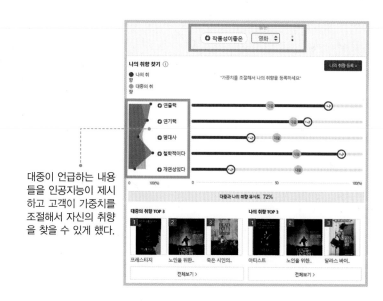

을 제시하는 것이다.

② 대중이 생각하는 작품성이 좋은 영화의 기준과 순위가 제시된다. 그리고 이 기준에 적접 가중치를 매겨서 내 기준에 따른 작품성 좋은 영화의 순위를 알 수 있다.

③ 선택한 영화에 대해서 위키피디아 이상의 정보가 인공지능에 의해 실시간으로 제공되고 있다.

④ 더 자세하게는 포스터 색깔 분석기들을 통해 포스터가 제시하는 분위기와 유사한 분위기의 영화가 추천되기도 한다. DT 시대라서 가능해진 방식이다.

이렇듯 대중이 어떻게 생각하는지를 확인하고 스스로 참여하여 미세한 취향까지도 고려하는 방식을 통해 추천의 공감 능력을 높일 수 있다. 이것이 DT 시대 CMR의 힘이다.

인공지능이 실시간으로 상세한 정보를 제공한다.

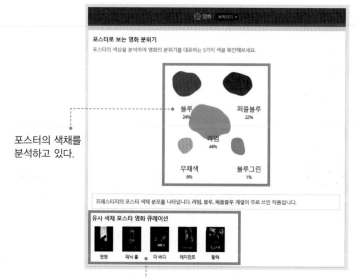

포스터의 색채를
분석하고 있다.

유사 색채의 포스터를 사용한
영화가 추천되기도 한다.

# 데이터 애그리게이터

앞에서 말했듯 소비자가 주도하는 환경에서는 데이터의 중요성이 커진다. 프로그래매틱 광고(programmatic advertising)가 큰 화두이듯, 광고 시장의 판도 역시 데이터를 중심으로 변화하고 있다. 아래 그림은 마케터들이 많이 참고하는 루마스케이프(Lumascape)다. 전체 광고 시장 현황을 한눈에 보여준다.

여기서 '데이터 애그리게이터(Data aggregator)'의 존재가 눈에 띈다. 이들은 오로지 데이터만 보유한다. 빅데이터 시대가 되면서 기업이 어떤 데이터를 수집하고 인사이트를 도출해내는 방법이 상당히 복잡해졌다. 따라서

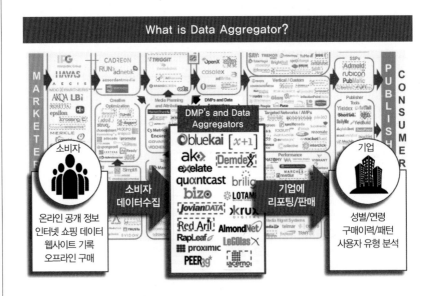

* 자료: Forrester Ad Technology (Data Management Platforms) Forecast, 2016 To 2021《US 리포트》

필요한 데이터를 수집해서 기업 니즈에 맞게 데이터를 모델링하고 제공하는 기업들이 각광받게 되었다. 마케팅에서 대표적인 데이터 기업인 엑스페리언(Experian)의 직원은 1만 6,000명, 액시엄(Acxiom)의 직원은 1만 명에 이를 정도로 데이터만으로도 큰 기업을 구성할 수 있을 만큼 시장이 커지고 있다. 이제 고객을 예측하고 움직이려는 CRM 대신 고객이 주도적으로 생산한 데이터에 민감해져야 한다. 그런 점에서 빅데이터 산업을 기반으로 한 추천이 훨씬 정교해질 것이며 다양한 데이터의 결합으로 소비자의 정황과 취향에 매우 근접한 추천이 가능해질 것이다.

## 주요 데이터 애그리게이터 사업자

| 업체명 | | 특징 |
|---|---|---|
| 어도미트리 | adometry by Google | • TV 광고 모니터링 및 분석 정보 제공<br>• 2014년 구글에 인수, 구글 애널리틱스 연계 광고 성과 측정 |
| 엡실론 | EPSILON | • 포춘 1000대 기업의 고객 데이터 확보<br>• 2016 7.34 Billion 매출 |
| 블루카이 | bluekai | • 웹/오프라인/모바일 디바이스에서 고객 데이터 수집<br>• 수억개의 고객 프로파일 확보<br>• 2014년 오라클에 인수 (4억 달러 추정) |
| 액시엄 | acxiom | • 마케팅 캠페인, 부정사용 탐지를 위한 고객 데이터 분석 서비스 제공<br>• 전 세계 7억 명의 소비자 정보가 담긴 데이터베이스 보유 |
| 데이터로직스 | datalogix | • 거의 모든 미국 소비자의 마케팅 데이터를 제공<br>• 2012년 페이스북 이용자의 소셜 사이트 상품광고 조회와 오프라인 상점의 구매 관련성 측정<br>• 2014년 오라클에 인수 |
| ID 애널리틱스 | id:analytic | • 7000억 건의 데이터와 14억 건의 소비자 거래 데이터 보유 |

# 세상을 바꿀
# House OS(Home OS)

IoT 시대를 맞아 가전 및 통신 업계의 많은 기업이 앞서 언급한 인공지능 스피커를 비롯한 IoT 제품들을 앞 다투어 출시했거나 출시를 앞두고 있다. 가전제품 중에서는 스피커 다음으로 시도되는 IoT 제품의 대표 주자가 냉장고다. 24시간 켜져(on) 있기도 하지만, 최근 요리 레시피를 알려주는 삼성의 냉장고처럼 활동 연관성 또한 가장 근접해 있기 때문이다.

이와 같이 각 가정의 가전, 도어락, 전등 등 모든 기기가 IoT로 연결되기 시작하면, 모든 기기에 하나의 운영체제가 필요해진다. 그렇지 못하면 예를 들어 '심심해'라는 질문에 냉장고, 에어컨, TV 등이 각각의 제안을 하게 될 것이다. 냉장고도 각 브랜드가 제공하는 데이터 세트(set)와 오퍼링 세트(set)가 뒤엉켜 혼란이 빚어질 것이다.

나는 마이셀럽스를 통해 새로운 개념을 제시했고 이 책을 통해 그것을 소개하고자 한다. 바로 'House OS(Home OS)' 개념이다. 앞서 기존 마이크로소프트의 윈도우즈를 대체하는 구글의 안드로이드와 애플의 iOS를 설명했었다. 이에 따라 데이터 애그리게이터가 부상하고 대중의 데이터 취향과 TPO를 반영하여 분류하는 것과 연결지어 설명하고자 하는 것이 바로 이 'House OS(Home OS)' 개념이다.

뒤에 나오는 그림처럼, 이제 각 가정에서는 평소 말하듯이 자연어로 명령을 할 수 있을 것이고 이에 하나의 통일된, 예를 들면 데이터 애그리게이터나 DMP(Data Management Platform)가 선택되어야 할 것이다. 그래야만 모든 IoT 기기들이 통합적으로 제어될 것이고 서로 충돌 없이 일관적이고

(consistent) 일상적인 추천들이 가능해질 것이다.

현재는 음성 인식이 키워드 기반으로 이루어지고 있지만 원래 사람들이 말하는 방식, 즉 자연어 기반으로 명령하고 그 기반하에 다양한 추천과 실행이 이루어질 것이다.

모바일 시대가 되면서 OS의 대표주자가 바뀌고 세계 판도가 뒤집혔듯이 DT 시대에는 이 'House OS(Home OS)'를 누가 장악하느냐가 상상 이상의 파급을 일으킬 것이다.

따라서 이의 바탕이 되는 데이터 애그리게이터들이 급부상하는 것이며, 많은 거성들이 "IoT 시대에는 데이터를 많이 가진 자가 승자가 된다"고 말하고 있는 것이다.

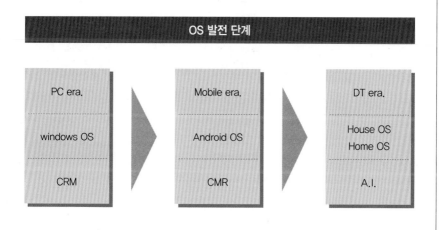

**OS 발전 단계**

| PC era. | Mobile era. | DT era. |
|---------|-------------|---------|
| windows OS | Android OS | House OS<br>Home OS |
| CRM | CMR | A.I. |

## House OS(Home OS) 개념도

마이셀럽스의 시멘틱 기반 데이터와 콘텐츠는 다양한 IoT 디바이스와 연동하는 House OS로서, 사용자에게 일관된 경험을 제공하며 검색 광고의 진화 형태를 제공할 수 있다.

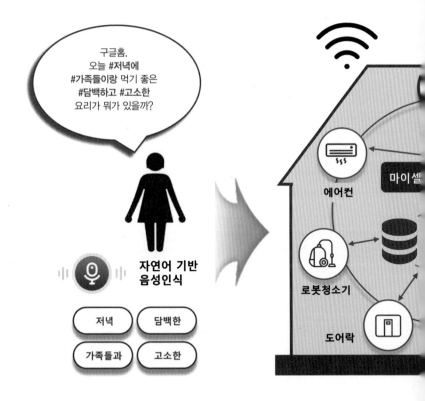

* 자료: 마이셀럽스 제공

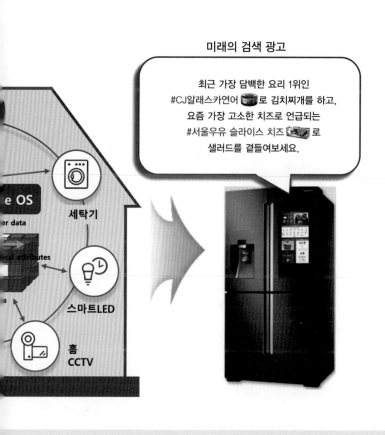

미래의 검색 광고

최근 가장 담백한 요리 1위인
#CJ알래스카연어 로 김치찌개를 하고,
요즘 가장 고소한 치즈로 언급되는
#서울우유 슬라이스 치즈 로
샐러드를 곁들여보세요.

e OS

er data

cal attributes

세탁기

스마트LED

홈
CCTV

# 04

# 대고객 가치 제안(오퍼링)의 뉴노멀

## 새로운 가치 전쟁

**Another Value war**

# 고객에게 줄
# 가치가 무엇인가?

기업의 생존은 고객이 불편해 하는 문제를 해결해주거나 그들의 니즈에 맞는 제품이나 서비스를 제공해주는, 소위 '가치(value)'를 제안하고 그 대가를 받는 과정의 연속이다. 따라서 기업이 고객에게 어떤 가치를 제공할 것인가와 어떤 방식으로 그 가치를 지속적으로 전달할 것인가 그리고 그 가치에 대한 대가를 어떻게 책정하고 받을 것인가가 기업 생존의 기본이라고 해도 과언이 아니다.

DT 시대가 되어 다양한 채널과 개인으로부터 쏟아지는 데이터가 축적되고 심지어는 개인과 개인 간의 가치 제안을 통한 거래까지 활성화되면서 기업이 개인과도 경쟁하는 시대가 되었다. 따라서 기업이 고객을 향해 하는 가치 제안(value proposition: 오퍼링)은 매우 다양하고 복잡해졌고 그로 인해 고객 로열티의 생성뿐 아니라 유지 또한 매우 어려워졌다.

과거의 것, 경쟁자가 모두 제공하는 것들을 나도 똑같이 주겠다고 한다면 고객은 눈길조차 돌리지 않을 것이다. 경쟁자가 제공하는 가치는 고객에게는 이미 기본이고 당연한 것이다. 남들이 내놓지 못하는 나만의 새로운 가치, 추가적인 가치, 즉 또 다른 가치(another value)를 내놓아야 한다. 바야흐로 어나더 밸류(Another Value) 전쟁이 벌어지고 있다.

내가 가진 것을 공짜로 내주고 돈을 벌 다른 원천을 만들거나 나만이 줄 수 있는 경쟁력 있는 가치를 고객에게 제안하는 것이 바로 어나더 밸류다. 기본적으로 내가 고객이 원하는 모든 가치를 다 줄 수도 없거니와 줄 수 있는 가치 모두를 한꺼번에 제안하는 것도 불가능하다. 따라서 기업이 어떤 가치를 고객에게 오퍼(offer)할지와 그것을 옴니 채널을 통해 가장 효율적이고 효과적으로 제공하는 방법을 찾는 것이 기업의 생존 전략이 된다.

# 개인 간 가치 제안의 시대와
# 낮아진 브랜드 로열티

사용자가 자신의 취향대로 정보를 취합하고 가공하여 다른 사람과 공유하는 소셜 큐레이션과 페이스북 등 소셜 플랫폼들이 생방송을 오픈하면서 이른바 퍼스널 브로드캐스팅까지 활성화되었다. 소셜 미디어의 생방송 오픈은 마케팅 관점에서 보면 방송 중계권, 입장권 등을 점유하던 방송국을 정조준하고 있는 것이며 개인 간 가치 제안이 활발히 일어나는 현상이라 할 수 있다.

예를 들어 2016년 페이스북의 생방송 오픈은 가히 폭발적인 영향을 끼쳤다. 특히 리우 올림픽에서 많은 사람이 올림픽의 세부 내용을 현장감 있게 볼 수 있게 되었고 방송 중계권을 엄격히 제한하던 주최 측은 적잖이 당황했을 것이다.

또한 인스타그램이 영상 업로드 시간을 늘려주면서 또 다른 큰 변화가 일어났다. 즉, 유명 가수의 콘서트를 방송국이 편집하여 제공하는 것보다 몇 십, 몇 백 배 더 많은 카메라가 가동되어 이른바 수많은 '소셜 앵글(social angle)'로 보는 효과가 생긴 것이다. 따라서 해시 태그 검색만으로 콘서트장을 빙 둘러싼 현장의 개인 방송국들이 쏟아내는 다양한 각도의 현장감 넘치는 영상들을 볼 수 있게 되었다고 해석될 수 있다.

마케터들은 이와 같은 주요 미디어 플랫폼들의 변화를 단순히 기술적·기능적으로 활용하기 이전에 어떤 시사점이 있는지 고민하고 마케팅적 해석을 할 필요가 있다.

고객들은 이제 무수한 콘텐츠 중 내가 관심을 두고 좋아하는 취향의 것

채널이 다양해지고 소셜 미디어가 활성화되면서 개인 간 가치 제안이 활발해졌다.

들만 선별하여 즐길 수 있게 되었다. 더는 특정 채널이나 미디어에 목맬 필요가 없다. 이처럼 미디어에서 개인 간 활발한 가치 제안까지 시작하면서, 소비자의 선택지는 너무나 많아졌다. 기업 측면에서는 기업이 원하는 가치를 전달하기에 경쟁률이 급등해버린 셈이다. 이는 곧 고객 로열티(충성도)를 유지시키기가 무척이나 힘들어졌다는 의미다. 미디어가 보유 채널을 무기로 사용자를 묶어두던 시대는 가고 이제 콘텐츠 가치가 중요해지는 시대가 되었다. 최근 몇 년간 먹방이 유행하면서 맛에 대한 표현이 많이 늘었고 심지어는 백종원 씨가 "재미있는 맛이네!"라고까지 표현하면서 그것이 유행처럼 번지기도 했다. 이처럼 무엇을 좋아하고 선택하는 이유가 다양해지면서 콘텐츠도 아주 세부적이고 다양한 가치를 추구하기 시작했다.

예를 들어 〈무한도전〉을 즐겨 본다면 MBC가 좋아서, 프로그램 그 자체가 좋아서, 특정 출연진이 좋아서일 수도 있다. 심지어는 PD나 작가, 매니저가 좋아서 본다는 사람이 생겨나고 그 장면만 찾아보기도 한다. 즉 시청자 로열티가 매우 잘게 쪼개지고 분산되었다. 이제 고객은 하나의 콘텐츠를 소비하더라도 각자의 다양한 롱테일 취향으로 선택할 수 있게 되었으므로, 마케팅 밸류 체인상 고객 로열티 전략은 상당한 변화가 불가피해졌다. 따라서 미디어든 콘텐츠든 기존의 가치에서 진화된 또 다른 가치를 제안해야 한다. 그러지 못하면 고객은 평범하고 진부한 기업을 즉시 떠나고 말 것이다.

# 기본은
# 가치가 아니다

온라인 쇼핑객을 대상으로 왜 특정 사이트에서 구매를 하는지 물어보았다. 저렴한 가격, 다양한 제품, 훌륭한 서비스, 신속한 배송, 편리한 내비게이션, 반품 용이성, 효율적인 커뮤니케이션, 풍부한 제품 정보, 고객 지원과 제안 등을 이유로 꼽았다. 그런데 그 다음 해 같은 질문으로 한 조사는 결과가 달랐다. 저렴한 가격을 빼고는 모든 항목의 응답률이 낮아졌다. 왜 이렇게 되었을까? 소비자들이 더는 가격을 제외한 서비스, 배송, UX, 제품 정보 등의 가치를 중요하게 여기지 않는 것일까? 그렇지 않다. 이 항목들의 중요성은 여전히 높다. 다만 소비자들이 이것들을 거론할 필요도 없는 '당연한 것'으로 여기게 된 것이다. 이제 쇼핑몰에서 '익일 배송' 정도는 내세울 만한 게 못 된다. 그야말로 기본이 되었다.

그래서 '로켓 배송'을 내세우는 쇼핑몰까지 등장했고 아마존의 드론 배송 등 끊임없이 '어나더 밸류(another value)'가 제시된다. 쇼핑몰에서 대부분의 요소가 당연한 것, 기본이 되어버린 가운데 또 다른 가치를 고객에게 제안하려는 전략의 일환이다. 이 시스템을 유지하려면 소싱 정책, 가격 정책, 운영, 백오피스 등에 이르기까지 매우 유기적인 전략이 필요하다. 그러지 못하고 단순히 '로켓 배송'처럼 테마나 마케팅적 화두 위주로만 접근했다가는 큰 적자를 감수해야 할 수도 있다. 그럼에도 불구하고 기업은 또 다른 가치 또는 새로운 가치 즉, 어나더 밸류에서 이익의 원천을 찾아야 한다. 이렇듯 나만의 새롭고 차별화된 가치를 제안하는 것이 고객 가치 제안의 뉴노멀이 되었다.

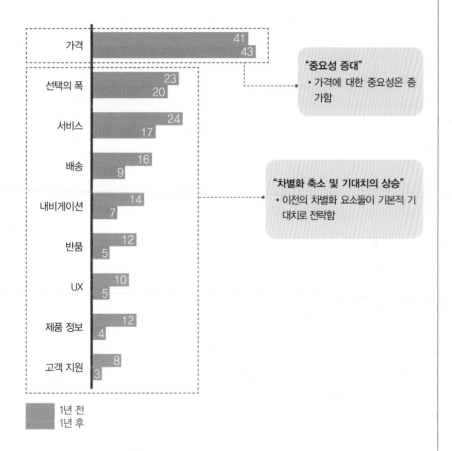

## 특정 사이트에서 굳이 구매하는 이유(예시적)

응답한 온라인 쇼핑객 중 비중 %

| 항목 | 1년 전 | 1년 후 |
|------|--------|--------|
| 가격 | 41 | 43 |
| 선택의 폭 | 23 | 20 |
| 서비스 | 24 | 17 |
| 배송 | 16 | 9 |
| 내비게이션 | 14 | 7 |
| 반품 | 12 | 5 |
| UX | 10 | 5 |
| 제품 정보 | 12 | 4 |
| 고객 지원 | 8 | 3 |

1년 전
1년 후

**"중요성 증대"**
• 가격에 대한 중요성은 증가함

**"차별화 축소 및 기대치의 상승"**
• 이전의 차별화 요소들이 기본적 기대치로 전락함

# 핵심 플랫폼들의
# 지각변동에 주목하라

앞서 제시한 대로, CRM이 CMR로 바뀌는 세상에서는 기업이 무엇인가를 함으로써 소비자를 움직이기는 쉽지 않다. 소비자가 어떻게 바뀌는지에 따라 기업을 변화시켜야 한다. 그러려면 소비자의 변화, 특히 소비자가 익숙하고 즐겨 사용하는 다양한 서비스 플랫폼들의 변화에 민감할 필요가 있다. 영국의 EU 탈퇴인 브렉시트(Brexit)에서 보듯 기존 경제 블록이 언번들링(unbundling: 분리)되고 있다. 이제는 한 달에 지구 인구의 절반 이상이 활동하는 페이스북, 구글, 인스타그램, 유튜브 등의 기업이 주도하는 경제 블록이 기존 경제 블록을 대체하고 있다는 표현이 적합하다.

요즘 여러 플랫폼들이 전쟁에 가까운 혈투를 벌이고 있다. 구글겟돈이니 페이스북겟돈이니 하는 말들이 등장하고 있다. 이런 현상을 마케팅의 관점에서 해석하는 것이 중요하다.

2015년을 기준으로 페이스북이 유튜브 트래픽의 70% 정도를 발생시켰다. 유튜브는 구글 소유다. 이후 페이스북은 유튜브를 링크한 게시물의 페이스북 타임라인 노출률을 떨어뜨리겠다고 발표했다. 동영상의 중요도가 커지면서 페이스북이 구글 소유의 유튜브에 정면 도전한 셈이다. 반면 구글과 애플은 운영체제인 안드로이드와 iOS를 소유하고 있다. 페이스북 입장에서 패치 업데이트를 통해 다양한 전략과 전술을 실행하고 싶어도, 스마트폰의 운영체제 자체를 소유하고 관할하는 구글의 안드로이드와 애플의 iOS가 이를 재가해주어야 서비스로 활성화된다. 이 재가 과정에서 페이스북의 전략이 사전 노출되거나 패치의 재가가 반려되는 일도 빈번해졌다. 그래서 페이스북은 이에 맞서 아예 각각의 스마트폰 제조사인 삼성, 애플, LG 등과의 협상을 통해 스마트폰 각각에 번들로 제공하는 전략을 선택하기도 했다. 이와 같이 대형 플랫폼들이 서로 물고 물리며 견제하는 형국이다. 그러면서 모바일 세계의 주도권을 쥐기 위한 헤게모니 싸움을 치열하게 벌이고 있다.

최근 페이스북겟돈도 이런 관점에서 이해할 수 있다. 페이스북은 그간 기업들이 운영했던 팬페이지의 '좋아요'나 '댓글' 같은 유도로 많은 타임라인 노출을 허용했으나, 알고리즘 변경을 통해 기업 팬페이지보다는 친구가 직접 올린 게시물을 더 많이 보여주는 방식으로 변모했다. 이것은 뉴스 서비스 진출을 선언한 페이스북이 간접 노출 방식으로 트래픽을 올려온 언론사들을 견제하는 효과가 있었다. 그리고 페이스북이 광고를 붙여야 노출을 늘려주겠다는 페이드(paid) 미디어로의 변화를 선언한 것이라고 받아들여지기도 했다.

이런 상황에서 우리는 네이버, 라인, 카카오톡 등을 거론하며 인터넷 강국임을 내세우지만, 이들이 국제 경쟁력을 가지지 못하면서, 우리나라는 점점 갈라파고스 군도와 같이 고립된 인터넷 국가가 되어가고 있다.

# 새롭게 형성되는
# 가치 제안의 룰

페이스북, 구글, 아마존 같은 기업 주도의 거대한 경제 블록이 진영 싸움을 펼침과 동시에 플랫폼 내의 '통치 철학', 즉 알고리즘(마케터 입장에서의 해석)을 지속적으로 진화시키고 있다. 페이스북, 구글, 아마존 같은 곳은 이미 그들이 가진 역량의 반의 반도 쓰지 않고 있다고 해도 과언이 아닐 만큼 진화된 기술과 데이터를 발전시키고 있다.

아래 그림은 페이스북의 최근 몇 년간 주요 정책 및 알고리즘 변화를 정리한 것이다. 아직도 페이스북 팬페이지 '좋아요' 늘리기에만 급급한 기업

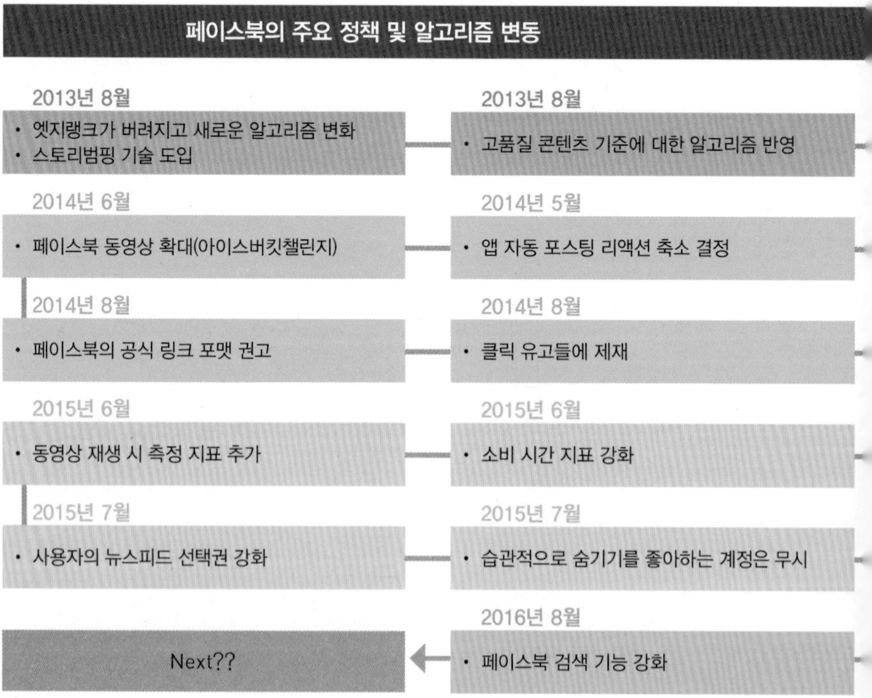

## 페이스북의 주요 정책 및 알고리즘 변동

| 2013년 8월 | 2013년 8월 |
|---|---|
| • 엣지랭크가 버려지고 새로운 알고리즘 변화<br>• 스토리범핑 기술 도입 | • 고품질 콘텐츠 기준에 대한 알고리즘 반영 |
| 2014년 6월 | 2014년 5월 |
| • 페이스북 동영상 확대(아이스버킷챌린지) | • 앱 자동 포스팅 리액션 축소 결정 |
| 2014년 8월 | 2014년 8월 |
| • 페이스북의 공식 링크 포맷 권고 | • 클릭 유고들에 제재 |
| 2015년 6월 | 2015년 6월 |
| • 동영상 재생 시 측정 지표 추가 | • 소비 시간 지표 강화 |
| 2015년 7월 | 2015년 7월 |
| • 사용자의 뉴스피드 선택권 강화 | • 습관적으로 숨기기를 좋아하는 계정은 무시 |
| | 2016년 8월 |
| Next?? | • 페이스북 검색 기능 강화 |

들이 많다. 이미 페이스북이 정책적으로 초기 70% 이상의 노출 비율을 3% 이하로 떨어뜨린 지 오래인데 말이다. 마케터는 새로운 거대 경제 블록으로 부상한 기업 주도의 플랫폼이 그들의 질서를 바꾸어가는 변화에 민감하게 대응해야 한다. 그들의 알고리즘을 통해 기업이 고객에게 가치 제안을 해야 하고, 그들이 만드는 새로운 룰(rule)이 고객을 향한 새로운 가치 제안 방식이자 법이 되고 있기 때문이다.

| 2013년 12월 | 2014년 1월 |
|---|---|
| • 단순 짤보다 고품질 뉴스 콘텐츠에 가중치 부여 | • 단순 텍스트보다 시각적 콘텐츠의 도달률 증가 |
| **2014년 4월** | **2014년 2월** |
| • 좋아요 구걸 및 스팸성 포스트 제재 | • 다른 페이지 태그를 걸 경우 도달률 향상 |
| **2014년 9월** | **2014년 11월** |
| • 시의성 콘텐츠 가중치 부여 | • 유기적 도달률 하락으로 인한 광고 확대 |
| **2015년 4월** | **2015년 1월** |
| • 페이스북 페이지 소식보다 친구 소식 먼저 | • '잘못된 정보' 콘텐츠 신고 기능 추가 |
| **2015년 10월** | **2015년 10월** |
| • 저속 인터넷 기기를 위한 컨텐츠 조정 | • 모든 감정 표현은 "좋아요"와 동일하게 인식 |
| **2016년 5월** | **2016년 4월** |
| • 페이스북 생방송 시스템 개편–생방송 시간 90분을 무제한 확대 | • 페이스북 메신저에 기업이 챗봇 구현할 수 있는 API 공개 |

# 플랫폼 간 데이터 연동을 통한 옴니 채널 가치 제안

다양한 옴니 채널 대응뿐만 아니라 각각의 플랫폼 질서 변화 대응 그리고 롱테일 취향의 고객에게 또 다른 가치 제안을 가능하게 하는 것이 바로 '데이터'다. 즉, 마케터에게 데이터는 이런 어려운 가치 제안 상황에서 고객의 니즈를 파악할 수 있게 하는 단비와 같은 단서(clue)인 것이다.

DT 시대가 되면서, 이전 오프라인 시대 기업 경영에서 매우 중요시되던 공급망 관리(SCM)가 확장되어야 한다. 즉, 데이터 공급망 관리(DSCM: Data Supply Chain Management) 개념을 제시하고 싶다. 이 개념은 마지막 장에서 상세히 설명하기로 한다.

데이터 공급망 관리(DSCM)의 구축(build), 제휴(alliance), 구매(buy), 이 3가지 방법론 중 데이터 제휴의 가장 대표적인 방법이 바로 API(Application Programming Interface)를 통한 데이터 연동이다. 많은 기업이 API 형태로 그들이 수집한 데이터를 제공하는 협업 방식을 택하고 이를 통해 그들의 생태계를 확장하고 상대의 데이터 또한 수집해가고 있다. 최근 마케팅에서의 화두는 역시 페이스북과의 연동(connect)이다. 아마존 등 선도적 온라인 쇼핑몰에서는 이미 수년 전부터 페이스북 커넥트(facebook connect: 페이스북과 로그인 연동 등을 통해 데이터가 연동되는 것)가 되어 다양한 가치 제안의 시너지를 내기 시작했다.

여러 개의 서비스들을 이용할 수 있게 해주는 싱글 사인 온(Single Sign-On)을 통해 쇼핑몰과 페이스북이 연결되고 데이터를 공유하여 고객의 쇼핑에 활용하는 것이 시작점이었다. 페이스북이 제공하는 다양한 API를 활용하여 플랫폼 간 다양한 가치 제안이 가능해졌다. 예를 들어 "당신이 좋아하는 것을 당신 친구도 좋아한다. 그런데 당신 친구가 오늘 생일이다. 20% 할인 혜택을 줄 테니 선물하겠는가?"라고 메시지를 던질 수 있게 되었다.

또한 티켓 예매 사이트에서 공연장 좌석을 예약해놓고 그것을 친구들에게 공유할 수 있게 해주는 것이 베타 서비스되기도 하였다. "아무개 님이 혼자 이 자리를 예약했습니다"라는 메시지가 페이스북에 공유되면서 '옆자리 예약하기' 버튼이 붙을 수도 있다. 특정 제품을 '살까 말까' 버튼을 통해 페이스북으로 공유하면서 "사라", "사지 마라", "네가 사줘라(친구 소환 기능)" 등의 설문 형태 공유 기능을 통해 메시지를 자동 확산시키는 방식도 플랫폼 간 그리고 소비자 간 가치를 주고받는 방식이 될 수 있다.

구글과 같은 검색 플랫폼들에 비용을 들이지 않고 그들의 알고리즘에 따라 고객에게 노출을 시켜주는 검색 엔진 최적화(SEO)가 있다면, 페이스북은 페이스북 커넥트가 있다고 이해하면 된다.

엄청난 비용을 들여서 소셜 미디어 채널을 늘리거나 광고를 쏟아붓는 것만이 능사는 아니다. 효율적으로 대형 플랫폼 데이터와 연동함으로써 효과적인 비용으로 고객에게 또 다른 가치를 제안할 수 있다. 그럼에도 많은 기업이나 에이전시는 아직도 기존의 방식에 머물러 있다.

## 페이스북과 데이터 연동을 통한 다양한 가치 제안 사례(예시적)

### 아마존 – 페이스북 친구에게 선물 보내기

페이스북 친구 중, 생일을 맞은 친구를 알려주고 기프트카드를 선물할 수 있는 서비스 제공

### 아마존 – 페이스북 계정 연동하고 5달러 할인코드 제공

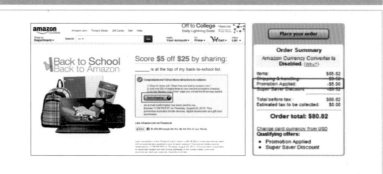

아마존 계정과 페이스북 계정 연동을 통해 25달러 이상 구매시 5달러 할인 프로모션을 진행하여 연동 회원 확산 유도

## 티켓마스터 – 페이스북 친구의 좌석 위치를 공유

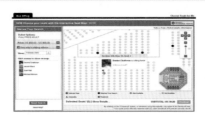

콘서트/공연 장소에서 페이스북 친구의 자리를 알려주고, 활용도에 따른 할인을 제공하여 문화 콘텐츠와 소셜 커머스를 연동시킨 서비스 시도

## 기존 쇼핑몰의 소셜 연동: 살까 말까 버튼(예시)

'살까 말까' 버튼의 아웃 링크를 통해 페이스북 공유 시 설문 포맷을 구성해서 구전 확산 유도

# O2O 가치 제안:
## 온라인과 오프라인의 효과적 연동

고객에게 또 다른 가치를 제안하고자 하는 노력의 일환은 최근 O2O (Online to Offline)라는 화두로 이어졌다. 하지만 O2O는 본질적으로 새로운 것은 아니다. 온라인에서 보고 오프라인에서 사는 것과 그 반대의 경우 모두 예전부터 있던 일인데도 뭔가 새로운 화두를 만들고 싶어 하는 사람들이 만들어낸 유행어쯤으로 이해하면 된다.

문제는 O2O를 기술적 차원에서만 접근하여 가장 중요한 현장 커뮤니케이션을 간과하는 일이 자주 생긴다는 것이다. 예를 들어 한 빵집 체인이 엄청난 비용을 들여 신제품 'A빵'을 대대적으로 광고했다고 하자. 그런데 막상 아침 일찍 그 빵집에 가니 점원이 "A빵은 오전 11시에 판매대에 나온다"고 말하면 어떨까? 전날 밤 대대적인 TV 광고를 하고, 빵집 입구에도 A빵 홍보 포스터로 도배를 해놓고도 정작 고객이 가장 몰리는 시간대에는 판매가 이루어지지 못하게 된 셈이다. 빵집에서 최종 대고객 커뮤니케이션은 광고 전단이 아니라 '빵'인 것이다.

O2O 전략에서 마케팅적으로 가장 중요한 점은 결국 온라인과 오프라인의 옴니 채널 마케팅 커뮤니케이션을 통합적으로 운영하는 것이다. 이런 협업적인 체계를 통해 일관된 대고객 가치 제안 즉, 옴니 채널에서 일관되고 체계적인 커뮤니케이션을 해야 한다. A빵의 경우 밤새 광고하고 매장 입구에도 수많은 광고 내용들을 진열했지만, 정작 A빵의 생산관리 부서

와 마케팅 부서의 소통이 단절되고 매장 내 커뮤니케이션에 치명적인 허점이 생겨 결국 고객을 헛걸음시키게 된 것이다.

O2O를 잘하기 위해서는 광고 메시지뿐 아니라 판매대에 진열되는 시간과 스토어 내에서까지 소비자와 어떻게 의사소통을 할지 치밀하게 계획되어야 한다. 핵심은 옴니 채널 간 커뮤니케이션의 설계를 얼마나 협업적이고 일관되게 하느냐다. 광고의 메시지와 매장의 메시지가 서로 다르다면 결과적으로 고객을 옴니 채널상의 미아로 만들고, 자칫 고객을 낚는(fishing) 방식으로 비쳐질 수 있는 등 치명적인 실패를 낳기 마련이다.

'푸딩' 제품의 성공적인 마케팅 사례 하나를 보자. 인기 드라마 〈별에서 온 그대〉에 간접광고(PPL)를 하면서 이 효과가 스토어에서 이어지도록 커뮤니케이션 전략을 짰다. 방법은 단순했다. 마트 판매원들의 매장 이벤트 일정을 PPL 다음 날로 조정하고 기존의 복잡한 세일즈 토크 대신에 단 다섯 자 "별그대 푸딩"만 외치도록 했더니, 매출이 800% 늘어났다.

O2O 전략을 다룰 때 비콘 마케팅 등과 같이 신기술이나 테마, 유행에 집착하지 말라. 관건은 가치 제안의 일관성과 디테일을 통한 매출이다.

이용자가 페이스딜(facedeals)에 자신의 얼굴을 등록해놓는다.

이용자가 페이스딜이 설치된 매장에 들어설 때 페이스딜 카메라가 이용자의 얼굴을 알아본다.

페이스딜이 이용자 정보를 분석하여 최적화된 제안을 하거나 혜택을 준다.

이용자는 자신에게 적합한 서비스와 혜택을 누린다.

O2O는 새로운 기술의 결합을 통한 'online to offline'만을 의미하지 않는다. 옴니 채널 상에서 일관되고 협업적인 커뮤니케이션 설계를 통해 매출을 증대하는 것이 목표다.

# DT 시대
# 프로그래매틱 광고(programmatic advertising)

앞 장에서 언급한 DT 시대 4가지 추천 철학이 반영되면 현존하는 많은 프로그래매틱 광고가 좀더 정교해질 것이다(기존 프로그래매틱 광고에 대해서는 검색만으로도 많은 자료를 접할 수 있으므로 설명은 생략한다). 앞서 이야기했듯이 광고주들은 마케팅 전략을 짤 때 TPO(Time, Place, Occasion) 기반으로 수립한다. 이때 광고의 성과 측정 시 광고주들이 아쉬워하는 부분은 광고 성과와 관련해 제공되는 데이터들이 대부분 TPO와 관련 없는 조회 수, 좋아요 수, 클릭 수, 페이지뷰 등과 같은 지표들이라는 점이다.

마이셀럽스가 대중에게 무료 공개한 취향 검색은 이에 대한 향후 방향성을 제시하고 있다. 대중의 TPO 데이터를 바탕으로 조합하여 취향 검색 선택지를 제공하고 있기 때문이다(상세한 검색에 대한 내용은 5장에서 다룬다). 이를 통해 제공되는 광고주 페이지를 예로 들어보자. 농심 신라면 광고주가 라면 맛 키워드 중에서 '불맛 나는'과 '매콤한' 라면을 선호하는 타깃팅을 설정한다고 가정하면, 사용자들 또한 같은 선택지로 검색하게 되고 광고주는 프로그래매틱 광고 플랫폼으로부터 명확한 매칭률 기반의 결과를 제공받을 수 있게 된다.

모든 데이터가 실시간으로 수집되고 업데이트될 수 있기 때문에 광고주는
실시간 데이터 기반의 대시보드도 제공받을 수 있도록 설계되어 있다.
이와 같이 DT 시대를 맞아 기존 기술로는 상상하지 못했던 전혀 새로운
개념과 방식의 변혁이 눈앞에 있다.

## DT 시대 프로그래매틱 광고(programmatic advertising)

사용자들이 직접 선택하고 저장한 취향 데이터 기반 타겟팅을 통해 광고 전환율을 증가시킬 수 있으며 광고 성과에 대해 실시간 모니터링이 가능한 대시보드를 제공할 수 있다.

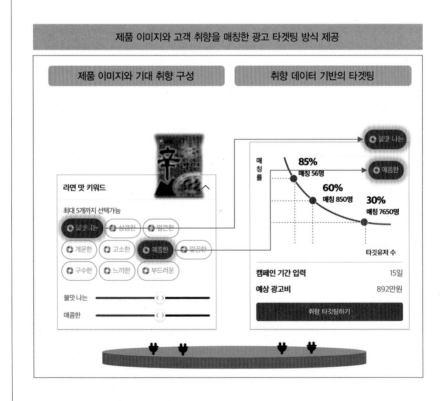

제품 이미지와 고객 취향을 매칭한 광고 타겟팅 방식 제공

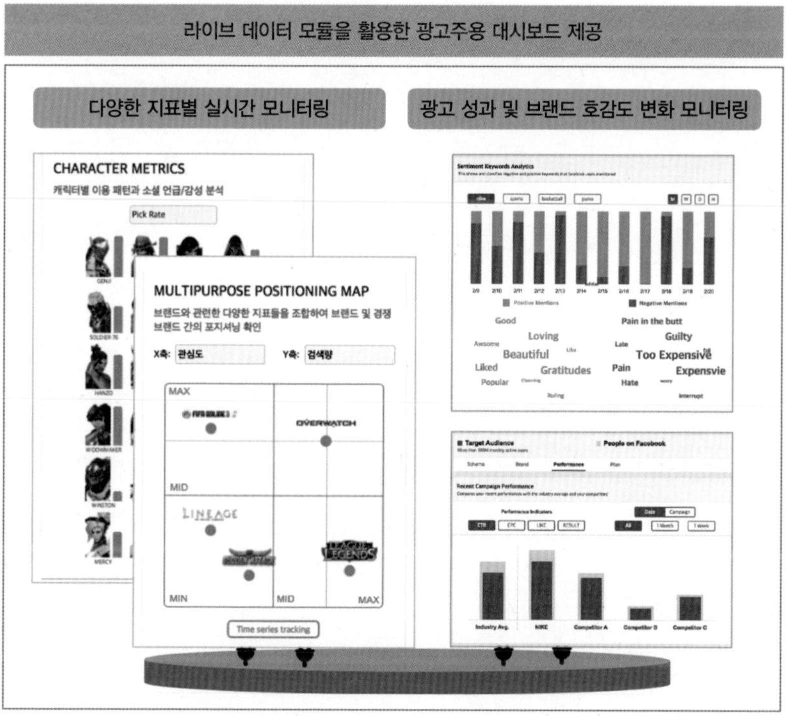

라이브 데이터 모듈을 활용한 광고주용 대시보드 제공
다양한 지표별 실시간 모니터링
광고 성과 및 브랜드 호감도 변화 모니터링
CHARACTER METRICS
캐릭터별 이용 패턴과 소셜 언급/감성 분석
Pick Rate
MULTIPURPOSE POSITIONING MAP
브랜드와 관련한 다양한 지표들을 조합하여 브랜드 및 경쟁 브랜드 간의 포지셔닝 확인
X축: 관심도
Y축: 검색량
MAX
MID
MIN
MID
MAX
OVERWATCH
LINEAGE
LEAGUE OF LEGENDS
Time series tracking
Sentiment Keywords Analytics
Positive Mentions
Negative Mentions
Good
Loving
Awsome
Beautiful
Liked
Gratitudes
Popular
Pain in the butt
Guilty
Late
Too Expensive
Pain
Expensvie
Hate
Interrupt
Target Audience
People on Facebook
Performance
Recent Campaign Performance
Performance Indicators
CTR
CPC
LIKE
RESULT
Date
Campaign
All
1 Month
1 Week
Industry Avg.
NIKE
Competitor A
Competitor B
Competitor C

# 05

# 검색의 뉴노멀

## 옴니 채널 검색 최적화와 시멘틱 검색

Omni-channel SEO and semantic search

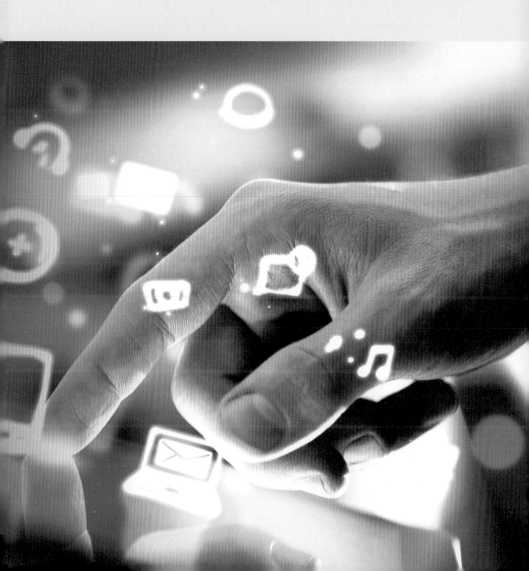

# 옴니 채널
# 검색 최적화

소셜 네트워크 서비스에서 계속 새로운 것이 나오고 화제를 일으키다 보니 '검색'이 상대적으로 홀대를 받는 형국이다. 하지만 여전히 도달(reach)이 가장 큰 플랫폼은 검색 사이트다. 시가 총액 1위를 두고 구글과 애플이 엎치락뒤치락하고 있음을 상기해보자. 검색 마케팅은 한두 곳의 검색 엔진에서 브랜드나 제품 이름을 쳤을 때 검색 결과 상단에 위치하기 위해 광고하는 것이 다가 아니다. 나는 마케팅 뉴노멀로서 '옴니 채널 검색 최적화'를 말하는데, 이것은 2가지 의미를 내포한다.

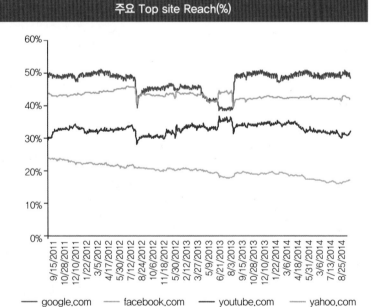

주요 Top site Reach(%)

— google.com    — facebook.com    — youtube.com    — yahoo.com

* 자료: Alexa.com, United States

첫째, 옴니 채널, 말 그대로 여러 채널에서 검색이 이루어지고 있다. 구글 같은 검색 엔진뿐 아니라 페이스북 등의 소셜 네트워크를 비롯해 쇼핑몰 등 비검색 엔진에서 검색하는 소비자들이 증가하고 있다.

둘째, 진화된 검색 엔진 최적화다. 검색 결과에 우리 메시지가 일목요연하게 페이지 상단에 제시되어야 하며 검색 화면에서 목표한 랜딩 페이지로 연결이 원활해야 하는데, 그 방식 또한 급격히 진화되었다.

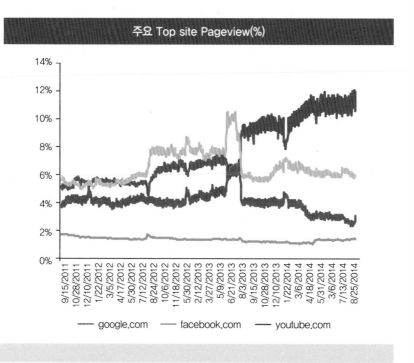

주요 Top site Pageview(%)

— google.com — facebook.com — youtube.com

# 비검색 엔진의 약진

유튜브의 검색량은 이미 많이 알려져 있다. 페이스북 또한 그래프 서치 (graph search)를 개시하면서 검색이 비약적으로 늘었으며, 이후 다양한 검색 연관 서비스의 추가로 비검색 엔진의 급성장을 가져왔다.

쇼핑몰에서의 검색은 계속 느는 추세다. 조사 결과를 보면 일부 카테고리 에서는 구글보다 아마존에서 첫 검색을 시작하는 경우가 더 많아진 지 오래다. 이것은 우리나라도 마찬가지다. 또한 같은 분류의 제품들을 포괄적으로 찾을 수 있는 메타 서치가 활성화되면서 제품 정보를 원할 때 처음 부터 쇼핑몰에서 검색을 시작하는 것이 일반화되었고 다양한 메타 서치 기반의 쇼핑몰도 늘고 있다.

이런 경향을 종합해볼 때 옴니 채널 검색이 보편화되었음을 알 수 있다. 이제 단순히 검색 포털이 제공하는 검색 광고에만 집중할 것이 아니라, 이 다양한 채널에 대한 검색 전략을 옴니 채널 연계 관점에서 고민해야 한다.

| 페이스북 검색 급증 | 아마존 vs. 구글 검색 |
|---|---|

**페이스북 내 검색 쿼리 추이**
백만 건

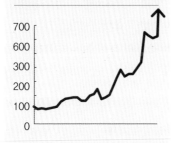

700
600
300
200
100
0

**소비자가 온라인 리서치를 시작하는 지점**
응답자 비율 %

amazon.com   Google

| | amazon.com | Google |
|---|---|---|
| 전자 | 36 | 6 14 |
| 서적 | 30 | 13 |
| 비디오 게임 | 20 | 17 |
| DVD/ 비디오 | 13 | 19 |
| 가구 | 12 | 19 |
| 헬스 및 뷰티 | 12 | 16 |
| 가정용품 | 10 | 15 |
| 인테리어 및 DIY | 6 | 8 |

페이스북은 'Friends' 간 연동성을 중심으로 서비스 구성이 되어 있기 때문에 검색 수준은 미미했으나 검색 엔진 빙(Bing)과의 제휴, 그래프 검색 등 검색 측면에서 높은 잠재력을 지니고 급증하고 있다.

전자, 서적, 비디오게임 등 이미 많은 카테고리에서 첫 검색 채널로 아마존이 선택되고 있다.

* 자료: 문헌 조사

# 검색을 통한
# 옴니 채널 연동

마케터는 소비자의 검색에 전략적으로 대응할 수 있어야 한다. 예를 들어 자사 제품이나 서비스 성수기, 비수기, 신제품 출시기 등 시장 상황에 맞추어 채널별 메시지와 톤앤매너, 타깃 키워드를 잘 연동해야 한다.

단순히 에이전시가 제시하는 컨버전(conversion)이 높은 비싼 키워드만 살 것이 아니라, 성수기에 구매 확률이 높은 검색어로 들어오는 소비자를 실제 구매로 연결시키기 위해 구매 관련 검색 키워드를 집중적으로 광고하거나, 비수기에 고객 충성도를 높인다는 목표로 충성도 관련 검색어로 들어온 소비자를 자사 로열티 관련 페이지(마일리지, 팬페이지 등)로 연동시키는 과정을 체계적으로 검색 광고 설정에 반영해야 한다.

만약 신제품을 출시한다고 하자. 이때는 관심과 인지도를 높이는 것이 관건이다. 이때 여러 채널에서 검색에 대한 대응 계획을 세운다. 140자로 제한된 트위터에는 짧고 강렬한 메시지를 쓴다. 성분 등 상세한 제품 정보와 설명이 필요한 메시지는 블로그에 풀어내고 성분과 관련한 검색어에 연동한다. 제품 성분이나 제품에 대한 검색어를 치고 들어온 소비자는 이것을 읽을 준비가 되어 있으니 좀 길어도 상관이 없다. 이렇게 채널별로 적합한 톤앤매너와 정체성, 콘텐츠를 채운다. 핵심은 모든 내용이 일관성이 있어야 하고 내용과 링크시키는 검색어 또한 전략적으로 배치되어야 한다는 것이다.

이렇게 다양한 채널을 통한 정보 습득과 브랜드 경험을 통해 소비자의 마음속에 브랜드가 심어진다. 예전처럼 30초 TV 광고를 통해 순간적인 감성을 자극하는 것만으로 불충분하다. 또한 이와 같은 연동이 단순히 '검색엔진 마케팅', '블로그 마케팅' 등과 같이 따로 떼어 이루어지는 것도 잘못된 방식이다. 이와 같이 계획적으로 연동된 옴니 채널을 소비자가 거치면서 느끼는 경험의 총합이 브랜드가 되는 것이다. 예산이 충분하다면 '모든 채널에서 항상' 광고를 깔아놓거나 커뮤니케이션하는 게 좋겠지만 누구도 그럴 수 없기에 검색 키워드 설정에서부터 효율적인 전략이 필요하다.

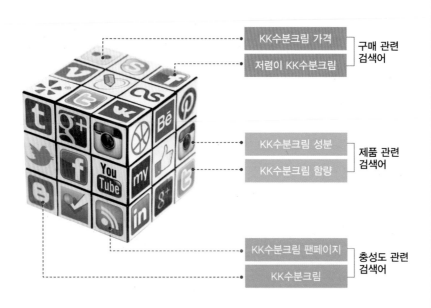

KK수분크림 가격
저렴이 KK수분크림
구매 관련 검색어

KK수분크림 성분
KK수분크림 함량
제품 관련 검색어

KK수분크림 팬페이지
KK수분크림
충성도 관련 검색어

# 모바일 앱 인덱싱을 통한
# 검색 최적화

구글의 '모바일 앱 인덱싱(Mobile App Indexing)'이 모바일 검색의 화두로 등장한 지 오래다. 그러나 네이버 세상인 국내에서는 그리 활성화되어 있지 않다. 상위 앱들조차 많이 사용하지 않는다.

모바일 앱 인덱싱은 모바일 검색 결과와 앱의 특정 콘텐츠를 서로 연결하여 검색 결과 페이지에서 사용자의 가독률을 높여준다. 검색 엔진이 앱의 콘텐츠를 분석해 사용자가 원하는 검색어에 최적화된 내용을 검색 결과에서 보여주는 방식이다.

보통 구글에서 검색을 할 때 T&D(Title and Description)을 중심으로 보고, 결과의 첫 5개를 선택하는 비율이 25%정도 된다(물론 우리나라처럼 주요 검색어의 첫 페이지 대부분이 광고와 페이드 블로그로 구성되는 경우는 제외한다). 그러므로 상세한 부분까지 링크를 구조적으로 만들어서 그것이 검색 화면에 미리 보기와 같이 나타나도록 해야 사용자가 선택할 확률이 높고 기업 입장에서는 검색 결과의 상위에 나타나는 선순환이 일어난다.

말하자면 모바일 검색을 최적화시켜야 한다. 특히 구글은 "모바일 최적화가 되지 않은 페이지는 구글 상위 랭킹에서 불이익을 받는다"고 발표했다. 이런 경향은 모바일 검색 최적화의 중요성을 한층 더 강화시키고 있다.

## 앱 인덱싱 기능 적용 단계

- 앱 컨텐츠에 인덱싱을 포함하여 앱 업데이트
- 구글 플레이 개발자 콘솔 – 구글 웹마스터 도구 간 앱–웹서비스 인증 요청/승인 절차
- 제품 웹사이트에 앱에 대한 딥 링크 정보 추가(앱으로의 검색 유입 경로 추가)
  * 안드로이드(Android) 4. 1(kitkat) 이상, 구글(Google) 검색 앱 2.8 버전 이상 지원

# 구글 리치 스니펫 활용

리치 스니펫(Rich snippet)은 최근 구글 검색 엔진이 검색 결과에서 기본적으로 제공하는 '웹페이지 타이틀 + 텍스트 요약'을 넘어서는 풍부한 검색 결과 제공을 말한다. '스니펫(snippet)'은 '미리 보기(훔쳐보기)'라는 의미다. 그 의미와 같이 검색 결과에서 미리 보기를 넘어서는 수준의 결과 요약이 제공되게 하여 클릭 비율을 높이려는 것이다. 요리 페이지는 요리법, 가수 페이지는 엘범 리스트, 영화 리뷰 페이지는 영화 평점, 인물 페이지는 인물 요약 정보 등 카테고리별로 다른 포맷으로 제공된다.

리치 스니펫은 이미 정의된 다양한 타입에 따라 구조화된 정보를 저장하는데, 각 타입은 여러 필드로 구성되어 자세한 데이터를 나타낼 수 있다. 사용자가 검색할 때 구글과 야후, 빙 등의 검색 엔진 봇들은 이 필드들의 정보를 해석하고 읽어들임으로써 검색 결과를 풍부하게 보여줄 수 있다. 검색 결과 페이지에서 얼마나 클릭하고픈(clickable) 정보를 제공하느냐의 차이가 사용자를 끌어오느냐 그렇지 못하느냐를 결정할 수 있으므로 효과적으로 활용할 필요가 있다. 뿐만 아니라 이런 가이드라인에 맞추어 자사의 사이트를 구성하는 것이 검색 엔진 최적화(SEO) 점수에 플러스 요인이 된다. 그럼에도 외국 시장을 타깃팅하는 국내 많은 기업은 비용이 드는 검색 광고에만 신경을 쓸 뿐, 정작 오가닉(organic) 유입의 기본조차 잘 활용하지 못하고 있다. 글로벌 기업들은 구전 유입에 더 큰 비중을 두고 있음에도, 우리나라의 네이버와 다음 같은 환경에서는 검색 광고 위주로만 유도하고 있는 요인도 한몫하고 있다. 최근 국내 모바일 검색 점유도 네이버가 50% 이하로 떨어지고 구글이 37%라는 발표가 나기도 했다.

## 구글의 리치 스니펫 사례

**① 조리법 리치 스니펫**
https://support.google.com/webmasters/answer/173379?hl=ko&ref_topic=4599102

Salad - **Thai** Green **Mango Salad** Recipe
★★★★★ 5 reviews - Total cook time: 20 mins
You asked for a one-page printable version of my step-by-step Green **Mango**
**Salad** recipe, so here it is! This salad will blow you away with its ...
thaifood.about.com/od/**thai**snacks/r/greenmangosalad.htm -
Cached - Similar

**② 제품 리치 스니펫**
https://support.google.com/webmasters/answer/146750?hl=ko&ref_topic=4599102

**Samsung Galaxy S5 review - CNET**
www.cnet.com › Mobile › Phones ▼ 이 페이지 번역하기
★★★★☆ 평점: 4.5 - 작성자: Jessica Dolcourt - 2014년 6월 13일 - US$199.99 ~
US$749.99
2014. 6. 13. - Subtly improved and smartly refined, the **Samsung Galaxy S5** is a
superior superphone that hits every mark but the sharpest design.

**③ 음악 리치 스니펫**
https://support.google.com/webmasters/answer/162304?hl=ko&ref_topic=4599102

Lady Gaga | Free Music, Tour Dates, Photos, Videos 🔊 🔍
www.myspace.com/ladygaga - Cached
**Lady Gaga's** official profile including the latest music, albums, songs, music videos and more
updates.
| Judas | ♫ 4:10 | Judas |
| The Edge Of Glory | ♫ 5:21 | Born This Way |
| Born This Way | ♫ 4:20 | Born This Way |
| Yoû And I | ♫ 5:07 | Born This Way |

**④ 이벤트 리치 스니펫**
https://support.google.com/webmasters/answer/164506?hl=ko&ref_topic=4624863

Music gigs, concerts | San Francisco Music Guide
www.example.com/events/san-francisco.html
Upcoming music gigs and concerts in **San Francisco**. Find out what's on with our live ...
Thu 11 Dec     Pavement, at the Fillmore ... - The Fillmore, **San Francisco**
Sat 13 Dec     Roy Ayers at Cafe du Nord ... - Cafe Du Nord, **San Francisco**

**⑤ 리뷰 리치 스니펫**
https://support.google.com/webmasters/answer/172705?hl=ko&ref_topic=4599102

24th century **Communicator** and Universal **translator**
www.example.com › ... › Communication Devices
★★★★★ Rating: 4.5 - 11 reviews
Made out of the highest quality crystalline composite of silicon, beryllium, carbon 70 and
gold. Manufactured to top Starfleet standards: never get out of range of your transporter ...

**⑥ 사람 리치 스니펫**
https://support.google.com/webmasters/answer/146646?hl=ko&ref_topic=4599102

Official Google **Webmaster** Central Blog: Webmaster Tools verification...
googlewebmastercentral.blogspot.com/.../webmaster-tools-ver...
by John Mueller - in 21,891 Google+ circles
17 Dec 2012 - Google **Webmaster Central Blog** - Official news on crawling and
indexing sites for the ... Posted by John Mueller, Webmaster Trends Analyst

# 한국 기업은
# 검색 전략의 황무지

마케팅에서 검색 엔진 활용이 반드시 검색 광고만을 뜻하지는 않는다. 그럼에도 불구하고 한국 기업은 검색 광고비를 많이 쓴다. 인구 대비로 봐도 세계 1위이다. 한국 검색 시장을 장악한 대형 포털 키워드 광고가 가장 높은 비중을 차지한다. 그런데 많은 비용을 쓰는 것과 효율적인 검색 전략을 구사하는 것은 별개다. 비용이 드는 검색 광고에는 아낌없이 투자하면서도 가장 기본적인 부분을 놓치는 셈이다.

실제 예를 보자. 한 보험회사는 이 회사 이름을 검색하면 연관 검색어로 '다단계'가 함께 노출되었다. 다단계와 아무런 관련이 없는 이 회사로서는 치명적인 이미지 손실이 상당 기간 계속되고 있었는데도 방치해둔 상태였다. 팩트와 다른 경우, 검색 엔진 회사에 삭제 요청만 해도 되는 것이었다. 또 회사 내 여러 사이트를 모바일과 웹에서 잘 운영하고 있는 대형 출판사는 이용자가 모바일에서 검색하더라도 검색 결과는 PC 웹으로 연결되도록 방치하고 있었다. 그 결과 모바일 사용자에게는 불편한 경험을 주었다. 정작 모바일 사이트를 열심히 운영하고 있었는데도 말이다. 이런 경우는 국내 많은 대기업에서 흔히 볼 수 있는 실수다.

우리나라의 많은 에이전시나 마케터가 검색을 바라보는 관점을 바꾸어야 한다. 검색 마케팅은 독립적인 마케팅이 아니다. 반드시 옴니 채널상에서 채널 간 연동 관계와 더불어 랜딩 페이지 최적화, 연관 검색어 등 많은 부

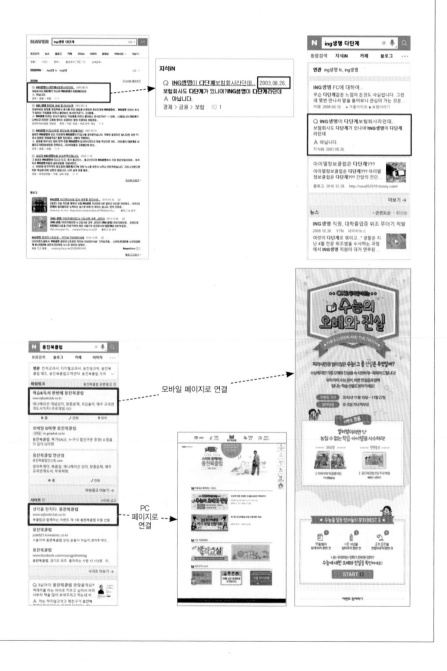

모바일 페이지로 연결

PC
페이지로
연결

분을 함께 고려해야 한다.

한국 기업이 검색 전략의 기본에 취약한 이유 중 하나로 국내 대형 포털 체계에 안주한 것을 들 수 있다. 한 키워드로 검색하면 결과 화면에는 관련 키워드에 광고비를 지불한 업체들이 검색어에 따라 심하게는 한 페이지를 다 덮기도 한다. 그 아래에는 파워 블로그가 노출된다. 일목요연하긴 하지만 이용자에게 진정 유용한 정보인지 그 결과를 신뢰할 수 있을까 의문이 드는 페이드 블로그 또한 구분이 가지 않는다. 이런 메커니즘에 익숙한 한국 기업들은 '검색 전략'이라고 하면 '검색 광고'나 페이드 블로거(paid-blogger: 우리는 이를 파워 블로거라고 잘못 부르고 있다) 활용을 먼저

떠올린다. 앞에서 말한 리치 스니펫, 앱 인덱싱 같은 것들은 '구글갯돈'이라 불리며 업계에서 큰 이슈가 되었음에도 불구하고, 우리나라 마케팅 업계에서는 개념조차 전파되지 않은 상황이기도 하다.

앞서 언급했듯이, 우리나라는 몇몇 리딩하는 기업의 기술력 수준과 정책 등의 요인으로 디지털 생태계를 점점 세계와 고립된 그들만의 섬, 갈라파고스로 만들고 있다.

이용자의 편익을 최우선하고 검색 사이트의 알고리즘을 연구하여 최적의 검색 결과 값을 가장 좋은 위치에 두고자 하는 검색 전략의 기본 철학을 하루빨리 정립하고 수용해야 할 것이다.

# 검색은 사람의 감각과 일상에
# 자연스럽게 녹아 들고 있다

사람은 보고 듣고 냄새 맡고 맛보고 만지며 느끼는 오감을 통해 정보를 받아들인다. 조물주가 태초에 인간을 이렇게 만들었을 테고 인간도 이것이 자연스럽다. 디지털과 데이터 기술이 지향하는 검색 발전 역시 이런 자연스러운 정보 획득 체계를 지향하고 있다. 즉, 마우스를 움직여 선택하거나 키보드로 검색어를 입력하거나 화면을 터치함으로써 정보에 접근하는 것은 인간의 본연적인 정보 획득 방식이 아니다. 기술 발전 단계상 어쩔 수 없이 그렇게 했을 뿐이다. 그러나 앞으로는 다를 것이다. 사람이 일상생활 중에 가장 편안하게 느끼는 방식으로 자연스럽게 검색을 하고 정보를 취득하는 쪽으로 발전할 것이다.

구글 글래스를 비롯한 웨어러블 디바이스의 발전도 이런 방향에서 이해할 수 있다. 최근에는 인공지능 시스템과 연결된 프로젝터, 카메라, 컬러 마커가 도입되었으며 자연스럽게 대화하는 형식의 스피커도 마찬가지다. 사람의 자연스러운 행동, 보고 듣고 냄새 맡고 맛보고 만지는 감각을 음성 인식과 센서 기술을 통해 디지털과 연결한다. 그러면 무수한 사용자의 감각과 인지 결과를 축적하고 학습한 인공지능 시스템이 반응한다. 최근 마이크로소프트에서 개발한 안경은 사용자들로부터 획득한 방대한 데이터를 바탕으로 장애인들에게 소중한 정보를 줄 수 있다는 점에서 새로운 가능성을 보여주었다.

앞에서 디지털과 데이터는 이네이블러(촉진자)라고 이야기했다. 인간의 자연스러운 감각, 일상과 연계된 검색 역시 디지털과 데이터가 촉진한 새롭고 근본적인 변화의 양상이다. 그리고 이것은 고객을 최우선으로 하는 마케터가 디지털과 데이터 기술을 얼리 어댑터적으로 받아들이기보다, 인문학적이고 본질적인 접근과 해석을 해야 하는 매우 중요한 이유다. 디지털, 데이터 이 모든 것들이 인간을 위해 존재함을 잊어서는 안 된다.

많은 기술이 생기고 그를 통해 생성된 데이터들이 다시금 인간 본연의 편안함을 추구하는 선순환을 지향하는 것이 바로 뉴노멀의 방향성이다.

# 디렉토리 분류 체계에 대한
# 마이셀럽스의 도전:
# 공급자 중심에서
# 고객의 정황과 취향 중심으로

검색 엔진의 시초 격인 야후는 초기에 키워드 검색이 아닌 '디렉토리 (directory) 검색'이었다. 세상에는 크게 우리에게 익숙한 3가지 분류 체계가 있는데, 오랜 동안 국제적 표준으로 자리 잡아왔다. UN이 정한 UNSPSC(The United Nations Standard Products & Services Code), 유럽 쪽에서 많이 쓰이는 NACE(Statistical Classification of Economic Activities in the European Community), 수출입 기업이 널리 사용하는 HS코드(Harmonized Commodity Description and Coding System)가 그것이다.

우리가 태어나면서부터 자연스럽게 익숙해지거나 외워왔던 책상, 컵, 과학, 나무 등 세상의 모든 것들은 크게 이 3가지 분류 체계로 나뉘어 있었다. 그것을 우리가 사용해왔고, 검색 엔진이나 쇼핑몰도 이것들을 기반으로 분류되거나 색인되는 경우가 많다.

전통적인 분류 체계는 먼저 큰 산업으로 나누고 그 안에서 다시 하위 업종으로 나누는 식이다. 쇼핑몰에서는 가전과 같은 큰 카테고리 아래에 TV, 냉장고, 세탁기 등의 하위 카테고리로 나누는 것이 일반적이다.

가전과 같은 디렉토리 분류 체계는 우리에게 비교적 익숙하고 편리하게 느껴진다. 그러나 많은 경우에 분류 체계는 정보 접근의 장애물이 된다. 미술 작품 중 회화(그림)를 예로 들어보자. 그림을 좋아하는 취향은 특정한 분위기나 색감, 느낌 등 사람에 따라 다양하다. 그런데 이런 그림조차도 실제 사람들의 취향에 따라 분류되지 못하고 전통적 분류 체계를 따를 수밖에 없었다. 동양화, 서양화, 수채화, 유화, 후기낭만파, 인상파……. 그림을 군이 싫어하는 사람은 많지 않다. 그러나 꼭 이런 것들을 외워야만 우리에게 그림을 좋아할 자격이 부여되는가? 그러다 보니 그림을 즐길 때 도슨트(그림을 설명해주는 사람)와 같이 중간에서 설명해주는 사람들이 필요한 상황이 되었다. 와인 소믈리에처럼 말이다.

바야흐로 빅데이터 시대를 맞아 이를 마케팅적으로 재분류하여 디렉토리 분류 체계를 TPO에 기반을 둔 고객의 정황과 취향 속성을 중심으로 나눌 수 있게 되었다. 예를 들어 마이셀럽스가 도입한 새로운 분류 기준은 '아침에 눈뜰 때', '출근 준비할 때', '시댁으로 가는 차 안에서', '한강변에서', '울적할 때', '혼자 있고 싶을 때'와 같이 검색이나 블로그 등 소셜에 남긴 대용량의 사용자 데이터를 기반으로, 각각의 산업이나 카테고리 정황을 중심으로 이루어진 혁신적 분류를 제공하도록 설계되었다. 따라서 A라는 그림은 이제, '어디서 많이 본 듯한 그림', '강렬한 그림'으로 검색하거나 색상, 명도, 채도와 같이 상상 가능한 모든 시작점으로부터 검색할 수 있도록 데이터화한 분류 체계를 제시했다.

이제 DT 시대다. 앞서 언급했듯이 지구 데이터의 90% 이상이 최근 3년에 생성되었고 그 대부분이 대중이 남긴 라이프로그다. 더불어 대용량 데이

터 수집 및 처리, 머신러닝 등의 다양한 기술이 동반 발전하면서 이제는
우리에게 친숙한 언어(자연어)로 세상을 재분류할 수 있게 되었다. 이와 같

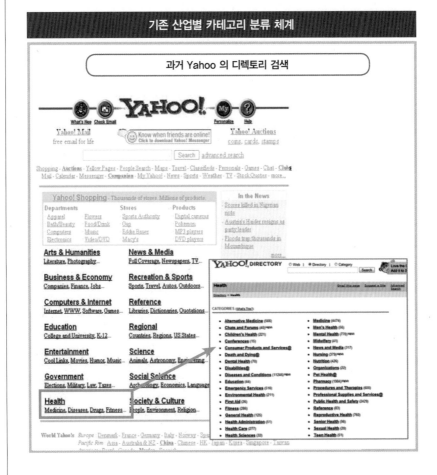

은 분류 체계는 앞으로 IoT 시대 음성 검색과 큰 연관성이 있다.

**마이셀럽스 대중의 대용량 데이터 기반 취향 분류 체계**

T.P.O* 기반의 데이터 분류 체계

- 편의점 티 안 나는
- 김영란법 문제없는
- 혼술하기 좋은
- 요리용으로 좋은
- 와인 초보에게 좋은
- 여유가 있는 휴식에
- 저렴하지만 맛 좋은
- 우울한 날에
- 러블리한 데이트에
- 특별한 분대의 자리
- 기념일 등 특별한 날에
- 캠핑/여행에서
- 상남자스러운
- 여성스럽게
- 결혼식에 어울리는
- 파티에 어울리는

- 한번쯤 본 적 있는
- 상상력을 자극하는
- 사진처럼 사실같은
- 동양미를 품은

**T** (Time)
- 퇴근길에
- 주말 브런치타임
- 여름 바닷가

**P** (Place)
- 조용한 도서관
- 한적한 교외 카페

**O** (Occasion)
- 울적할 때
- 으스스한
- 혼났을 때

버티컬별 속성별 데이터 분류 체계

| 스토리 | 캐릭터 | 분위기 | 소셜반응 |
| --- | --- | --- | --- |

- 재밌는
- 감동적인
- 꿀잼
- 눈물나는
- 기분좋아지는
- 웃기는
- 가슴절절한
- 빵빵터지는
- 화나는
- 짜증나는
- 깅영받는
- 가슴뭉클해지는
- 훈훈해지는
- 우울해지는

| 외모 | 성격 | 분위기 | 지성미 | 특이취향 | 신조어 |
| --- | --- | --- | --- | --- | --- |

- 이끌리는
- 낭만적인
- 러블리한
- 자유로운
- 청순한
- 부드러운
- 감성적인
- 뛰어난
- 여유로운
- 도발적인
- 흡입력있는
- 따뜻한
- 묵직한
- 정겨운
- 매혹적인

스타
웹툰
영화
아트
비어    ……
와인
방송
맛집
커피
운동화

\* T.P.O (Time, Place, Occasion)

대용량 데이터 처리 기술, 머신러닝 등 최신 기술의 결합으로 탄생한 사용자 기준 시멘틱 분류 체계

# 인공지능 기반의
# 신개념 취향 검색의 등장

취향을 찾는 것은 검색 기능의 최종 목적지라 할 수 있다. 기존 키워드 검색은 자연어 검색 수준으로 발전하였지만 검색 결과 면에서 여러 한계를 안고 있다. 전혀 연관성이 없는 검색 결과가 나오는 것이 다반사인 데다 특히 우리나라 검색 엔진은 개인적이고 주관적인 의견을 실은 웹페이지나 낚시성 콘텐츠로 연결되어 사용자의 정황에 맞는 충분한 해답을 찾지 못하는 경우가 많다. 이것은 키워드 검색의 한계일 뿐 아니라 뉴스를 먼저 결과에 반영하는 등 정책상의 문제도 크며, 검색 엔진의 알고리즘과 같은 기술적 문제, 우리나라 미디어의 환경적 문제 등 복잡한 이유들에 기인한다. 그러나 이제는 광고주 관점에서 CF 모델을 찾을 때 '예쁘고 풋풋한 20대 여자 연예인'을 검색하거나 '작품성이 좋은 영화', '편의점에서 산 티 안 나는 와인', '어디서 많은 본 듯한 알록달록한 인물화'와 같은 검색들이 가능할 만큼 데이터가 많이 축적되어 있다.

이처럼 빅데이터를 통해 머신이 도출한 정황을 분류하여 선택지로 제공함으로써 사용자의 취향에 비교적 근접한 검색 결과를 보여줄 수 있을 뿐 아니라 마케터 입장에서 가장 반가운 TPO 관점의 검색이 가능해졌다. 마이셀럽스의 서비스를 보면 대중의 언어로 구성된 취향 필터를 머신러닝과 인공지능 기반으로 분석하여 대중 기준의 결과 값을 큐레이션함으로써 검색 의도를 충족시키는 해답을 내놓고 있다.

## 기존 키워드 검색의 한계

예쁘고 풋풋한 20대 여자 연예인     검색

기존의 분류 체계와 키워드 검색 방식으로는 사람이 말하는 자연어 기반의 검색이 실현
되기 어렵다.

**자연어 기반의 정황 및 취향 선택지를 제공하는 마이셀럽스**

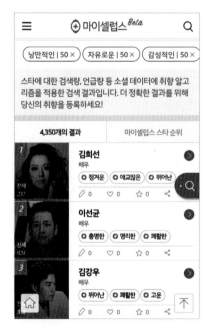

내가 좋아하는 스타일(낭만적이고 자유롭고 감성적인)의 연예인을 검색하려고 할 때 마이셀럽스의 필터를 이용하여 대중에 의해 데이터로 축적된 '낭만적인'+'자유로운'+'감성적인' 연예인 순위를 한눈에 알 수 있다.

보고 싶은 영화를 검색할 때도 나의 취향이나 현재 정황에 따라 탄탄한 스토리에 슬프고 철학적인 영화를 검색할 수 있다. 이 검색 결과는 누군가가 임의로 정한 것이 아니라 인공지능이 대중의 데이터를 종합한 것이다.

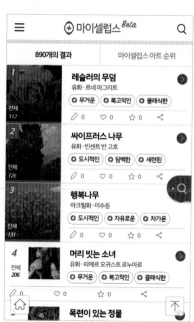

그림을 검색할 때 화가 이름, 소속된 유파 등을 몰라도 된다. 복잡한 지식이 없어도 내 취향이나 현재 원하는 분위기의 그림을 찾을 수 있다. 심지어는 내가 좋아하는 색채가 잘 반영된 작품만을 따로 검색해서 즐길 수도 있다.

| 스타 | 영화 | 웹툰 |
|------|------|------|
| 김소혜 | 레옹 | 견우와 직녀 |

마이셀럽스는 스타, 영화, 방송, 옷, 아트 등 당양한 버티컬별 취향 검색을 제공하고 있다.

| 아트 | 와인 | 비어 ... |
|---|---|---|

식사하는 농부들          샤또 롬포르          인디카 IPA

모든 데이터 수집–시각화 등 운영이 자동화되어 있어서 인공지능이 운영하는 포털의 효시라고 볼 수 있다.

# DT 시대 검색의 뉴노멀을 완성시키는 철학과 SEO의 미래

앞에서 말한 것처럼 디지털 기술의 발전과 DT 시대를 맞아 사람 본연의 자연스러운 감각과 행동에 맞춘 검색이 가능해지고 있다. 이것은 이제 IoT 시대를 맞아 메신저와 음성 기반의 검색만으로 귀결될 것이며, 디렉토리 검색-키워드 검색으로부터의 혁명적 변화를 의미하며 사용자의 달라진 검색 방식에 적합한 새로운 철학을 요구한다. 그렇다면 새로운 검색 철학이란 어떤 것일까?

첫째, 검색은 일방적으로 답을 내놓기보다는 이용자의 취향을 반영한 다양한 선택지를 제공하는 것이다. 앞서 CMR에 대해 이야기하면서 '추천' 방식의 변화를 언급한 것을 상기해보자. 검색 역시 마찬가지다. 고객의 정황과 관계없이 랭킹 방식으로 가장 많이 검색되었거나 가장 많은 광고비를 낸 곳의 결과를 제공해서는 안 된다. 고객이 직접 참여하고 선택하면서 기꺼이 수용할 수 있는 형태의 검색 결과를 내놓아야 한다. 정답 맞추기식 랭킹 방식이 아닌, 검색 결과에 대한 공감을 최대화시키는 추천 철학 4가지는 앞서 언급되었지만 또 한 번 강조하고 싶다.

① 데이터로부터 추출된 증거 기반으로 '다른 사람들은 이렇다'와 같이 데이터(증거) 기반으로 대중의 생각과 선택을 제시해준다. ② 검색 결과가 산출되는 과정에 이용자를 적극 참여시킨다. 이는 마이셀럽스가 제공하는 대중의 선택을 기반으로 가중치를 직접 조절하고 설정할 수 있게 된 것을 참고할 수 있다. ③ 소수의 취향일지라도 존중하는 철학, 즉 모든 선택지는 옳고 그름이 없으며 어떤 정황에서는 1위가 될 수도 있는 롱테일 알고

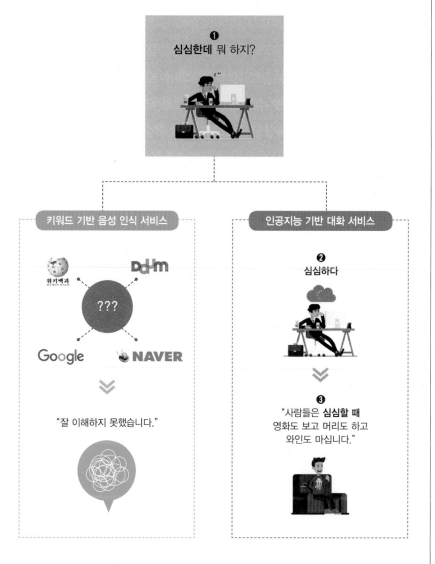

**❶**

**심심한데** 뭐 하지?

---

**키워드 기반 음성 인식 서비스**

???

Google     NAVER     위키백과     D〓m

"잘 이해하지 못했습니다."

---

**인공지능 기반 대화 서비스**

**❷**

심심하다

**❸**

"사람들은 **심심할 때**
영화도 보고 머리도 하고
와인도 마십니다."

리즘 설계를 의미한다. ④ 최신의 경향이 실시간으로 반영되어야 한다. 데이터 시대로 접어들면서 이 원칙들이 실현 가능해졌으며, 이와 같은 4가지 철학이 반영될 때 고객은 검색 결과를 최소한의 저항으로 받아들이며 참여하고 신뢰하게 된다.

둘째, 검색은 자연스러운 사람의 언어로 이루어진다. 당연한 이야기처럼 들리겠지만 일상의 대화와 검색 간에는 어조 차이가 크다. 인공지능 스피커를 향해 키워드를 외치는 모습은 자연스럽지 않다. 이것은 바뀌어야 하며 또한 바뀌고 있다. 예를 들어 '공부 집중력'이라는 키워드를 입력하거나 스피커에 외치는 대신 평소의 말투 그대로 친구와 대화하듯이 "내일이 시험인데, 효과적으로 공부하는 방법이 없을까?"라고 말하는 식이다. 그러면 음성 인식 기술과 방대한 데이터, 인공지능으로 무장한 기기들이 가장 적합하면서도 친근한 방식으로 함께 문제를 해결하듯 여러 선택지를 들려준다. 미래의 검색은 이렇듯 인간다운 자연스러움을 지향하고 있다.

셋째, 새로운 지향을 진정으로 충족시켜줄 기술을 구현하고 발전시켜야 한다. IoT 시대 인공지능을 표방한 스피커들이 다양하게 출시되고 있는데 이것을 보면 이상과 실제 사이의 큰 간극을 발견하곤 한다. 사람들은 여전히 단답형의 키워드로 묻고 스피커는 미리 준비한 시나리오에 따라 건조하고 일방적인 답변을 내놓는다. 또는 위키피디아의 해당 항목을 TTS(Text To Speech: 글을 읽어주는 기술)로 단순히 읽어주거나 검색 포털의 검색 결과를 읽어주는 식이다. 키워드로 텍스트를 입력하고 눈으로 결과

**IoT 시대 음색 검색 광고의 형태**

검색은 메신지와 음성 검색 2가지로 귀결될 것이고 사람들은 키워드 대신 그들 본연의 자연어로 검색하고, 인공지능이 이에 답하는 형태가 될 것이다.

를 읽던 것이 음성으로 바뀌었을 뿐이다. 이제 이용자와 디바이스 간에 자연스러운 대화와 소통이 이루어져야 하며, 그 내용 역시 일방적인 해답 찾기가 아니라 이용자가 자신의 정황과 취향에 따라 여러 선택 사항을 검토하는 방식이어야 한다. 이를 위해 음성 인식, 인공지능, 데이터 기술 등이 적극 활용될 필요가 있다.

언제 어디서든 실시간 소통을 원하는 이용자의 니즈에 부응하기 위해 사물인터넷(IoT)은 자연스러운 방향이 되었다. 현재 가전 중에는 24시간 전원이 켜져 있는 냉장고의 역할이 클 것이라고 보이지만 이는 현재 생태계상의 추측일 뿐이다. IoT 시대에는 모든 사물에 음성 인식 모듈이 탑재될 것인데, 이 모든 가전을 포함한 사물들이 각각의 제조사에서 제공하는 각각의 데이터로 답한다면 그야말로 혼돈(chaos)의 시대가 되고 말 것이다. 따라서 IoT 시대에는 DT 산업의 세분화를 주시해야 한다. 예를 들면 데이터 애그리게이터의 등장과 같은 것이다. 이제 검색은 방대한 데이터를 학습하여 딥러닝의 단계로 들어선 인공지능이 고객의 정황과 취향, 요구에 맞게끔 효율적인 시각 자료와 음성 답변을 일관성 있게 제공할 것이다. 이때 최적화된 형태가 메신저와 음성 검색, 이 2가지가 될 것이다. 이렇듯 검색에 대한 새로운 철학이 기술을 통해 구현됨으로써 미래 검색의 새로운 장이 펼쳐지고 있다. 검색의 혁신적 미래가 이미 우리 눈앞에 있다. 사물인터넷과 인공지능, 데이터 필터링 기술의 발전이 검색의 혁신을 이끌고 있다. 가족과 대화하듯 자연스럽게 궁금한 것을 질문하면 스마트

기기가 질문의 의도를 해석하고, 사용자의 정황과 취향에 가장 적합한 검색 값을 친근하게 대답하는 장면이 현실로 옮겨지고 있다.

DT 시대, '시대'라는 말을 쓰고 있다. 이 말은 이전의 메커니즘으로 해결할 수 없는 문제들을 전혀 다른 관점에서 해결해야 함을 내포하고 있다.

## 마이셀럽스가 최초로 제시한 챗봇의 미래: 인포티콘(infoticon)

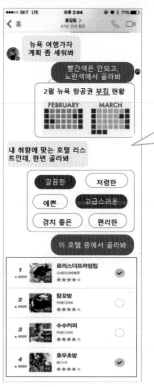

- 실시간 데이터로 연동되는 신개념 커뮤니케이션
- 대화창 이탈 없이 의도에 맞는 시각화된 정보 제공
- 전자상거래 연동으로 편리한 선택 및 구매 가능

- 메신저 검색은 검색창을 이탈하지 않도록 모듈(module)화 되어, 선택지를 제공하는 형태가 된다.
- 마이셀럽스가 최초로 특허 출원 후 시장에 제시하는 인포티콘은 기존의 포털을 거치지 않고 메신저 내에서만 정보 검색의 해결책을 내놓고 있다.

# 06

# 고객 경험 관리의 뉴노멀

## UX 플래닝에서 라이프로그 활용을 통한 서비스 차별화로

### From UX planning to life log engagement

# No UX is
# Best UX

IT업계에서 일하는 사람들에게 'UI'와 'UX'는 제품이나 서비스의 성패를 가르는 매우 중요한 개념으로 받아들여진다. UI(User Interface)는 '사용자 인터페이스'라고 하는데 '이용자가 컴퓨터 시스템 등을 편리하게 사용할 수 있도록 환경을 제공하는 설계 내용'을 말한다. UI에서 한 발 더 나간 확장된 개념이 UX다. UX(User Experience)는 '사용자 경험'으로서 사용자가 어떤 시스템이나 제품, 서비스를 직·간접적으로 이용하면서 느끼는 총체적 경험을 말한다. 단순히 말하자면 사용자가 제품과 서비스를 최대한 편리하게 쓰면서 좋은 경험을 하도록 설계한다는 의미다.

그런데 최근에는 UI와 UX에서 기존의 기획 방법론에 대한 회의적인 부분이 많다. 그것은 디지털 시대 이용자들이 더 이상 계획된 UI와 UX에 따라 행동하지 않으며 심지어 그 행동을 예측조차 할 수 없다는 현실에서 비롯되었다. 애초 설계한 사람들의 의도와는 달리 다양한 채널을 종횡무진 누비며 언제 어디서든 불쑥 나타나 뜻밖의 요구를 하는 이용자가 어떤 행동을 할 것이라고 예측하거나 기획자가 목표한 반응을 유도한다는 것은 매우 어려운 일이다.

그런 점에서 UI와 UX는 최대한 단순화하여 이용자가 그것을 의식하지 못하는 단계, 즉 'No UI, No UX'가 이상적일 수도 있다. 뿐만 아니라 디바이스를 의식하지 않고 평상 시 말투 그대로 인공지능 스피커와 대화하는 IoT 시대 음성 검색이 벌써 시작된 상황에서 인위적인 UI나 UX는 찾아볼 수 없다. UX는 더 이상 디자이너가 리딩하고 기획하는 분야가 아니다.

이제, 마케터 입장에서 고객의 다양한 경험을 설계해내야 하며 그 이동 경로상에서 다양한 브랜드 경험을 주기 위해 단계에 맞는 가치 제안(오퍼링)을 함께 고민해야 하는 상황이다. 고객 행동을 예측하여 UX 플래닝을 하는 데서 더 나아가 고객의 요구에 실시간으로 반응하는 체계를 갖추어야 한다. 고객은 디지털 공간에서 라이프로그를 통해 그들의 다양한 행동 궤적을 남긴다. 이런 대중의 다양한 라이프로그 데이터에 대해 실시간으로 반응하고 이를 빠르게 반영하여 서비스를 차별화하는 것이 고객 경험 관리의 뉴노멀이다.

실제 UX
(User Experience)

디자인된
UX

# DT 시대
# 데이터를 활용한 서비스 차별화

DT 시대 소비자들은 고객 서비스에서도 예전과 다른 형태를 원하고 요구한다. 물론 과거 고객 서비스 방식을 부정하는 것은 아니다. 기존의 서비스에 부가하여 더 세밀하면서도 개인화된 서비스를 제공해야 한다는 것이다.

이러한 고객 서비스 차별화는 고객들이 온·오프라인에서 남기는 다양한

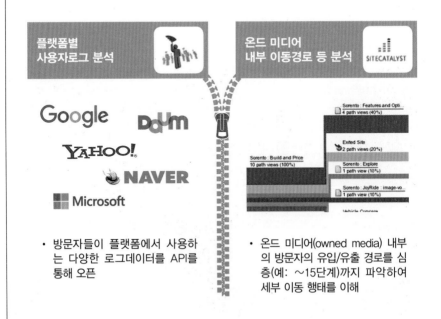

데이터들, 즉 라이프로그(life log)에 의해 뒷받침된다고 했다. 우리는 세상을 살아가면서 검색, 로그인, 채널로의 유입·유출 등뿐만 아니라 앞에서 언급한 다양한 센서 기술까지 가세하여 생산되는 수많은 흔적 데이터를 남긴다. 마케터는 이 라이프로그에 주목할 필요가 있다.

 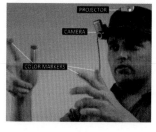

- 블로그, 뉴스, 소셜 미디어 등의 다양한 소셜 데이터 수집 및 분석

- 음성, 모션 인식 등으로 획득한 다양한 센서 데이터 수집 및 분석

# 의사결정을 지원하는
# 다양한 라이프로그

라이프로그 분석을 통한 서비스 차별화를 전개할 때 데이터의 역할은 매우 중요하다. 그런데 마케터 입장에서 라이프로그는 첫째, 다양하면서도 불규칙한 사용자의 경험 패턴을 잘게 쪼개서 분류하고 최대한 빠른 시간에 적절한 커뮤니케이션을 하기 위한 것이며 둘째, 마케팅 성과에 대한 빠른 모니터링 및 개선을 위해 쓰인다. 라이프로그는 이 2가지 의사결정을 위해 활용된다.

예를 들어 한 회사가 야심차게 웹사이트를 열었다고 하자. 대대적인 광고를 통해 많은 사용자가 유입되었다. 1,000만 명이 접속했는데 유입되자마자 대부분이 첫 페이지에서 이탈(bounce)하거나 특정 부분 아래로는 아무도 스크롤을 내리자 않았다. 그렇다면 데이터를 분석해 소비자가 왜 스크롤을 내리지 않았는지 파악하고 그 경계 지점에서 어떤 장애물(hurdle)이 있었으며 어떤 부분을 개선할지를 결정해야 한다. 이제 이와 같은 세부적인 라이프로그를 모두 모니터링할 수 있게 다양한 도구(tool)가 지원되고 있다.

요즘 TV 방송에 빅데이터 전문가들이 출연해 "사람의 마음을 읽는다", "욕망을 읽는다", "미래를 예측한다", 심지어는 "주가를 예측한다" 등의 이야기까지 하는 것을 볼 수 있다. 나는 개인적으로 이것이 위험한 행동이라 생각한다. 데이터의 본령은 그 업에 종사하는 전문가들에 대한 의사결정 지원에 있는 것이다. 업 전문가도 아닌 데이터 전문가가 자꾸 '예측'이라는 범주로 언급하는 것은 마치 인공지능으로 인해 기계들이 곧 인간을 지배하게 될 것이라는 설익은 이야기를 하는 것과 같다.

데이터는 마케터와 제작자, 디자이너 등 각 담당자들이 본연의 업무를 잘할 수 있게 의사결정을 지원하는 데 활용되어야 한다. 어떤 경우는 시간을 줄여주고, 어떤 경우는 아이디어를 창출하는 데 힌트를 제공하며 그들이 좀 더 전략적인 의사결정을 할 수 있게 지원하는 혁신적인 도구로 활용할 수 있다. 그런데 그 차원을 넘어서 소셜 데이터를 긁어모아 그 결과를 보며 "소비자들의 마음은 이렇다"고 단정하는 것은 경계해야 할 행동이다. 예를 들어 "김수현이 훔쳤다"고 하면 이것이 지갑(부정)을 훔쳤는지, 마음(긍정)을 훔쳤는지, 눈물(중립)을 훔쳤는지 각각 다양한 해석이 존재하기 때문이다.

## 에러 페이지 방문자의 행동 패턴(예시적)

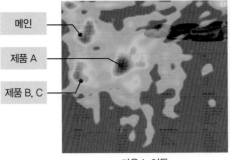

메인

제품 A

제품 B, C

| | 마우스 이동 | 마우스 클릭 |
|---|---|---|
| 설명 | 웹페이지 방문자가 마우스를 어떤 위치에 더 오래 올려놓고 있는지를 파악하여 열 분포 형태로 나타낸 히트맵(heat map) | 방문자가 웹 페이지 내에서 어떤 위치를 클릭했는지 빈도를 열 분포 형태로 나타낸 히트맵(heat map) |
| 방문자 행동 패턴 | 방문자 대부분이 메인 페이지, 제품 A, B, C 페이지의 링크 버튼을 가장 많이 클릭한다. | 방문자가 웹페이지의 특정 부분 이하로 스크롤을 내리지 않을 때 |

**스크롤 도달 범위**

| | |
|---|---|
| 설명 | 웹 페이지 방문자들이 스크롤을 내리는 분포를 나타내는 히트맵(heat map) |
| 방문자 행동 패턴 | 웹 페이지 방문자 대부분은 화면 아랫부분까지 스크롤을 내리지 않고 페이지 이탈 |

- 방문자에게 필요 없는 정보를 줄이고 그들이 원하는 정보 위주로 보기 쉽게 구성해야 한다.
- 원하는 정보를 찾지 못해 바로 다른 페이지로 이동하는 경우, 그 페이지로 즉시 이동할 수 있도록 링크 구조를 재검토해야 한다.

# 옴니 채널상의
# 라이프로그 연동

서비스 차별화를 위해 소비자의 라이프로그와 잘 연동하여 그들이 원하는 정황에 필요한 답을 주기란 참 어렵다. 특히 옴니 채널 시대가 되면서 더욱 복잡해졌다. 앞서 홍수에 물이 귀하듯, 빅데이터 시대에 어떤 데이터를 수집하고 활용할 것인지가 매우 중요하다고 이야기했다. 데이터 소스를 잘못 정의하면 그야말로 전혀 상반된 결과 값이 나오기도 한다. 게다가 다채널 교차 판매의 옴니 채널 마케팅에서는 자사 홈페이지, 페이스북 팬페이지와 같이 단독 채널별 데이터만으로는 옴니 채널을 불규칙하게 넘나드는 옴니 채널 소비자의 전체 라이프를 연결해서 볼 수 없다. 따라서 다양한 부분에 대해 정교한 대응을 해야 한다. 기본적으로 3가지 상황에 대해서는 전략적인 접근과 고려가 필요하다.

첫째, 데이터의 볼륨이냐 전문성이냐와 같이 무엇을 규명할지에 대한 사전 정의가 중요하다. 둘째, 옴니 채널 협업 관점의 데이터 소스를 정의해야 한다. 셋째, 크로스 디바이스(cross device) 사용에 대한 대응이 고려되어야 한다.

먼저 데이터 볼륨과 전문성은 데이터의 수집과 활용에서 이루어지는 전략적 선택과 활용을 말한다. 예를 들어 자동차를 마케팅하면서 데이터를 수집한다고 하자. 선호도를 조사할 때는 데이터의 볼륨이 중요하다. 여러 이용자의 블로그나 카페 등이 고려된다. 그런데 만약 자동차 사양에 관한 내용이라면 회사 홈페이지의 설명서가 최적의 데이터소스가 되고 데이터의 양은 중요하지 않다.

다음으로 옴니 채널 데이터 소스 정의는 각 채널의 특성을 충분히 고려하는 동시에 채널별로 제공하는 데이터 활용을 고려해야 한다는 것이다. 같은 순방문자 수라 하더라도 채널별로 각기 다른 알고리즘을 가지고 있고 심지어는 로그 분석 툴(tool)에 따라 다른 수치가 나오기도 한다. 따라서 이를 하나의 지표로 치환하기 어려운 부분들도 있으므로 부분별 모니터링 지표를 참고해야 할 때도 있다.

예를 들어 페이스북이 제공하는 비디오 포스트 분석 메트릭스를 활용하면 영상 마케팅 성과를 다양한 기준으로 측정할 수 있다. 3초 이상 영상을 본 사람의 수, 이용자의 평균 재생 시간, 영상 구간별 재생 수, 중복을 제외한 실제 재생자 수 등을 파악함으로써 인사이트를 도출하고 페이스북에 반영할 수 있다. 만약 영상 후반부에 사용자 이탈률이 높다면 핵심 메시지를 앞부분에 배치하고 반대로 초반 이탈률이 높다면 후킹 포인트(Hooking Point: 가장 재미있는 부분)를 영상 앞부분에 구성하는 방안을 세울 수 있다.

마지막으로 크로스 디바이스는 디바이스의 특징에 따라 다양한 고객 데이터를 하나의 행동으로 연결해서 보기 위한 것이다. 이를 위해 많은 분석 툴(tool)에서 디바이스에 대한 정보를 제공하는 부분들을 잘 매치시켜서 디바이스별 최적화된 UX로 서비스를 제공하는 데 활용될 수 있다. 이와 같이 디테일한 고객 대응이야말로 서비스 이용자들의 불편을 최소화하고 차별화하기 위한 시작점이다.

## 페이스북이 자체적으로 제공하는 비디오 포스트 분석 메트릭스 예시

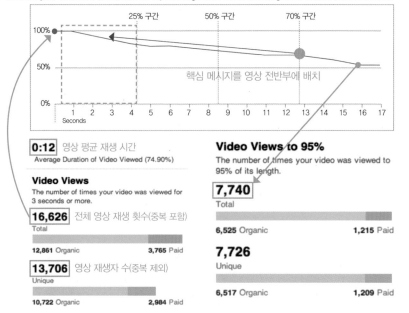

**Audience Retention** 영상의 구간별 재생 현황

Views of your video at each moment as a percentage of all views, including views shorter than 3 seconds.

**0:12** 영상 평균 재생 시간
Average Duration of Video Viewed (74.90%)

**Video Views**
The number of times your video was viewed for 3 seconds or more.

**16,626** 전체 영상 재생 횟수(중복 포함)
Total

**12,861** Organic      **3,765** Paid

**13,706** 영상 재생자 수(중복 제외)
Unique

**10,722** Organic      **2,984** Paid

**Video Views to 95%**
The number of times your video was viewed to 95% of its length.

**7,740**
Total

**6,525** Organic      **1,215** Paid

**7,726**
Unique

**6,517** Organic      **1,209** Paid

각 채널별 제공하는 라이프로그 분석 툴 또한 부분별 활용 가치가 있다.

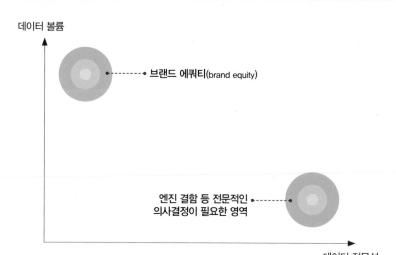

**데이터 볼륨과 전문성(자동차) 산업 예시**

데이터 볼륨

브랜드 에쿼티(brand equity)

엔진 결함 등 전문적인
의사결정이 필요한 영역

데이터 전문성

반드시 많은 데이터가 필요한 것은 아니다.
무엇을 어떤 목적으로 볼지에 따라 사전에 전략적인 데이터 소스 정의가 필요하다.

# 라이프로그 활용의 최종 목표, CTA(Call To Action)

소비자의 라이프로그를 잘 파악하고 정황에 맞는 적절한 메시징을 통해 고객 경험을 차별화시키는 방법에 대해 설명했다. 그러나 언제까지 필요한 질문에만 답을 할 것인가? 고객의 정황을 분석하고 그들의 롱테일 니즈를 기업이 목표로 하는 고객의 행동 즉, CTA(Call to Action)로 리드하지 못한다면 성과를 내야 하는 마케팅의 본질적인 명제가 충족될 수 없다.

기업은 창의적이고 재미있는 광고나 이벤트를 제공하는 것으로 끝이 아니다. 고객에게 구체적인 행동을 요구해야 한다. "무엇인가를 사라" 또는 "우리 페이지를 자세히 보고 이런 점을 확인하라" 등과 같이 목표한 성과로 리드를 해야만 한다. 무턱대고 재미있고 유익한 콘텐츠를 만들어내기만 하거나, 반대로 소비자에게 어떠한 혜택이나 즐거움 또는 흥분(excitement)과 같은 최소한의 가치(value)도 제공하지 않은 채 자사 물건을 사라고만 한다면 둘 다 성공하기 어려운 방식이 될 것이다. 즉, 고객의 마음을 움직이고 재화를 파는 것은 별개의 행위일 수 없으며 연동되는 것이 이상적이다.

마케팅 성과는 고객의 행동으로 나타나야 한다. 그런데 고객에게 성과를 달성하기 위해 아무런 행동을 하지 않은 채 나중에 성과만 측정하려는 것은 모순이다.

뒤에 나오는 그림의 BMW 마케팅 사례를 보면 BMW가 증강현실(AR)이라는 것을 콘텐츠에 활용했다는 사실만 회자되었을 뿐, 정작 많은 마케터들이 실제 같은 페이지에 4가지 요구 사항(CTA)이 나열되어 있다는 점은 간과하고 있다.

결국 기업도 고객과 '기브 앤 테이크(give and take)'가 있어야 한다. 마케터가 실컷 고민해서 다양한 아이디어로 서비스나 콘텐츠를 차별화했다면 그 마지막은 반드시 CTA로 완결되어야 한다. 즉, 기업의 전략과 성과에 연동(align)되지 않는 마케팅은 마케터의 자위밖에 될 수 없다. 이는 현재도 멋진 CF 광고 하나 잘 만드는 데 모든 공을 들이는 많은 마케터의 자화상이기도 하다.

## The BMW Z4.
### Create your own Expression of Joy.

In our latest TV commercial for the BMW Z4, artist Robin Rhode uses the roadster as a 306hp paintbrush to create a performance that's as colourful as it is unique.

Now you can recreate the experience using state-of-the-art 3D technology. If you have a webcam you'll be able to get behind the wheel of your own virtual BMW Z4 and use it to express yourself.

Just follow the instructions below.

 **Print your 3D symbol** ▶
Click the icon to print out the Z4 symbol and user guide.

 **Download the software** ▶
Click the download button and follow the instructions to install BMW 3D paintbrush.

Demo　[ The TV ad ]

* 자료: BMW 웹사이트

증강현실을 활용한 영상 감상 후 BMW에서 CTA(Call To Action)를 연동한 페이지들

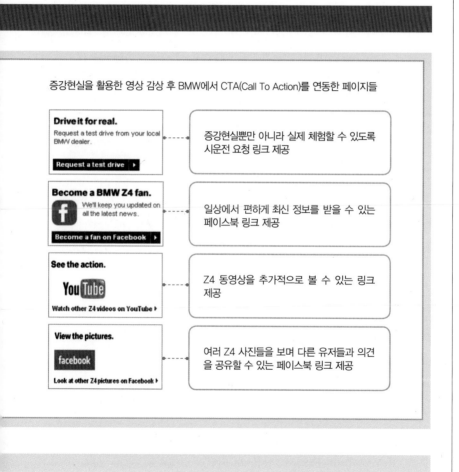

**Drive it for real.**
Request a test drive from your local BMW dealer. ---- 증강현실뿐만 아니라 실제 체험할 수 있도록 시운전 요청 링크 제공

Request a test drive ▶

**Become a BMW Z4 fan.**
We'll keep you updated on all the latest news. ---- 일상에서 편하게 최신 정보를 받을 수 있는 페이스북 링크 제공

Become a fan on Facebook ▶

**See the action.**
You Tube ---- Z4 동영상을 추가적으로 볼 수 있는 링크 제공

Watch other Z4 videos on YouTube ▶

**View the pictures.**
facebook ---- 여러 Z4 사진들을 보며 다른 유저들과 의견을 공유할 수 있는 페이스북 링크 제공

Look at other Z4 pictures on Facebook ▶

# DT 시대
# UX의 뉴노멀이 가져올 혁명

DT 시대에는 '시대(era)'라는 말이 적용되는 만큼 각종 디바이스와 애플리케이션이 제공하는 사용자 경험이 혁신적으로 진화한다고 했다. 사용자 경험(UX: User Experience)은 사용자의 기기에 최적화된 디스플레이를 제공하는 반응형 UX(Responsive UX), 대화형 UX(Conversational UX)를 거쳐 자연형 UX(Natural UX)로 진화하고 있다.

즉 앞에서 말한 인간의 본질적 속성, 즉 'No UX'를 향하고 있다. 특히 음성 UX(Voice UX)의 경우는 눈에 보이지 않는 UX(invisible UX)이기 때문에 또 다른 제약 사항이 있다. 예를 들어 IoT 시대에는 말 그대로 주위 모든 사물에 인터넷과 음성 인식이 가능해지고 사용자의 음성 검색 결과를 모바일 기기로 전송해서 알려줄 수도 있지만 음성으로 추천해주어야 할 상황이 많이 생길 것이다. 이때 가령 2가지나 3가지 이상의 추천을 나열하듯 들려준다면 인간 기억력의 한계 탓에 먼저 들은 것은 잊어버리고 다시 "처음 게 뭐였

메신저 UX 형태의 핵심은 창을 이탈하지 않는 것이다. 이 말에는 많은 의미가 포함되어 있다. 즉, 사용자가 다른 서비스로의 이동이 필요하지 않다는 것이다.

지?"라고 물어보게 될 것이다. 현재 모바일 기기와 같이 피드(feed)를 쭉 내리면서 선택하는 UX는 음성에서는 지원되지 않기 때문이다. 이와 같이 UX가 인간 본질의 UX를 추구하게 되면서, 기존에 존재하지 않던 메커니즘과 맞닥뜨리게 되는 경우가 많아질 것이다.

즉, 음성 인식, 사물인터넷, 인공지능 기술의 비약적 발전으로 사용자들은 별도의 인터페이스를 거칠 필요 없이 자연스러운 일상 생활 그 자체 속에서 원하는 정보를 얻으며 실시간 커뮤니케이션을 할 수 있게 되었다. 이런 맥락에서 향후 사용자가 가장 많이 접하게 되는 UX는 메신저상의 UX와 음성 UX(voice UX)다. 기업들은 이런 사용자 경험의 진화에 따른 커뮤니케이션 전략을 고민할 필요가 있으며 이것은 기존과 전혀 다른 체계가 될 것이다.

**IoT 시대의 UX**

IoT 시대 UX는 인간 본연의 눈으로 보고 귀로 듣고 입으로 말하는 방식을 지향하고 있다.

07

# 성과 지표의 뉴노멀

## 채널별 성과에서 채널 간 협업적 성과로

From channels-centric KPI
to omni-channel(channels-collaborative) KPI

# 성과 측정,
# 마케터의 고질적 고민

기업이 마케팅을 실행할 때 가장 큰 고민을 물어보면 항상 나오는 대답이 성과 측정 문제다. 광고 등 마케팅 활동의 영향력을 측정하는 메트릭스가 부족하고 모두가 동의할 수 있는 표준화된 측정 방법이 존재하지 않는다는 것이다. 심지어는 같은 회사라도 다양한 데이터 소스와 툴(tool)을 사용하므로 순방문자(UV), 페이지뷰(PV)와 같이 지표 이름은 같지만 소스와 툴별로 다른 성과가 제공되어, 기업이 원하는 통합적인 '싱글뷰(single view)'를 확보하기 어렵다. 다음 고민은 역량 부족을 꼽는다. 기업 내부의 역량과 마케팅 대행사의 역량 부족이 핵심 장애물로 꼽힌다.

소비자의 브랜드 인지에서 충성에 이르는 구매단계상에서 커뮤니케이션 주요 병목(bottleneck)이 발생하는 구간은 어느 영역일까?

우리의 마케팅 활동은 소비자를 중심으로 의사결정되고 있는가?

브랜드 리스크에 대해 신속하게 이슈를 탐지하고 영향력을 평가할 수 있는 방법은 없을까?

소비자의 실질적인 니즈와 잠재욕구를 신속하게 읽어내고 마케팅에 효과적으로 적용할 방법은 없을까?

브랜드 성과를 어떻게 정의해야 하며, 어떠한 지표를 관리·개발해야 할까?

성과 측정 매트릭스와 마케팅 역량 평가를 할 때 가장 크게 고민할 점은 '고객 관점'이다. 언론이나 일부 얼리 어답터의 시선을 의식해서 새로운 기술과 채널 수 등에만 집중해서는 안 된다. 옴니 채널 통합적으로 고객과의 끊김 없는 의사소통이 핵심이다. 이를 위해서는 채널 특성에 따른 역할을 명확히 하고 이것을 전략적으로 연동하여 경쟁력 있는 통합적인 브랜드 커뮤니케이션 플랫폼을 정의하고 옴니 채널 간 통합된 지표를 통해 내 고객 기준의 싱글뷰를 확보해야 한다.

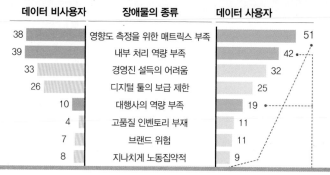

**DT 시대 효과적 마케팅의 장애물로 인식되는 것들(예시적)**

| 데이터 비사용자 | 장애물의 종류 | 데이터 사용자 |
|---|---|---|
| 38 | 영향도 측정을 위한 매트릭스 부족 | 51 |
| 39 | 내부 처리 역량 부족 | 42 |
| 33 | 경영진 설득의 어려움 | 32 |
| 26 | 디지털 툴의 보급 제한 | 25 |
| 10 | 대행사의 역량 부족 | 19 |
| 4 | 고품질 인벤토리 부재 | 11 |
| 7 | 브랜드 위험 | 11 |
| 8 | 지나치게 노동집약적 | 9 |

**측정 표준의 부족**
- 주요 브랜드 매트릭스나 구매 의향에 주는 영향을 측정하기 어렵다.
- 모두가 동의하는 단일화된 표준 감사/측정 방법이 없다.

**디지털 역량의 부족**
- 니즈를 충족시키기 위한 인재를 찾는 데 기업들이 애쓰고 있다.
- 광고대행사들이 디지털 매체의 복잡함을 따라잡는 속도가 더디다.

* 자료: 문헌 조사

# 채널별 지표 관리에서
# 옴니 채널 간 협업적인 지표 관리로

기존의 마케팅 성과 측정은 주로 채널 중심으로 이루어졌다. 내가 최근에 접촉한 글로벌 선도 기업의 리포트를 보아도 페이스북, 구글, 홈페이지, 앱 등 각각의 채널별로 성과 보고서를 작성하고 취합해서 활용하고 있는 수준이다. 그러나 이런 성과 측정은 고객 행동을 기준으로 채널 간 협업을 통해 마케팅 목표를 달성하는 옴니 채널 시대의 현실에 적합하지 않다. 객관적인 비교가 어려우며, 고객들이 구매를 고려하거나 충성도가 생기고 유지하는 단계를 고려하지 않고 '초기 인지'와 '구매 결정' 단계에 모든 캠페인과 예산이 국한되는 경향을 보인다.

그러나 각 채널의 협업을 고려하면서 소비자 구매 의사결정의 단계에 따라 마케팅 성과를 측정해야 한다. 다양한 채널에서 보이는 소비자 행동을 통합적인 관점에서 보아야 한다. 그것을 채널별 성과 관점에서 지표로 삼는 것은 전혀 다른 결론이 나올 수 있다. 예를 들어 페이스북 광고를 했고 이벤트 참여 페이지(랜딩 페이지: landing page)가 별도로 링크되어 있다면 페이스북 좋아요 등 다른 지표들보다 페이스북을 통한 랜딩 페이지 유입이 중요하다. 그런데 '좋아요' 개수만 가지고 평가하는 경우가 여전히 많다.

수차례 강조했듯이, 이제 브랜드는 고객이 다양한 채널을 불규칙하게 넘나들며 경험한 부분들의 합이다. 채널별로 잘했다 못했다를 살펴 개선점을 찾는 것은 중요하지만, 마케팅에서의 성과는 결국 목표한 곳으로 CTA(Call To Action)로 완결되었느냐의 문제이기 때문이다.

## 잘못된 채널별 지표 관리

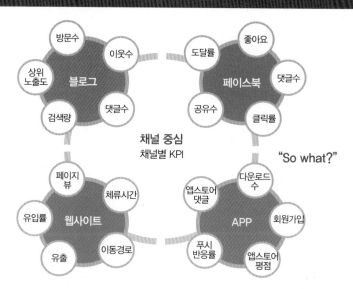

## 소비자 구매 과정별 통합적 지표 관리

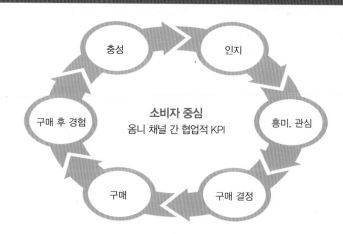

- 모든 과정이 고객 관점으로 통합되어 있다.
- 모든 단계별 CTA를 지향한다.

# 옴니 채널 간 협업을 고려한
# 성과 측정 방식

마케팅 성과 측정은 또한 단일 채널에서의 성과가 아니라 채널 간 협업의 관점에서 이루어져야 한다고 말했다. 이를 위해서는 우선 캠페인의 목적이 명확히 정의되어야 하고 소구하려는 메시지가 분명해야 채널별 역할을 정의할 수 있다.

예를 들어 포드자동차는 소셜 네트워크에서 언급되는 내용들을 수집해서 '더 포드 스토리'라는 사이트를 오픈한 적이 있다. 이 채널의 운영 목적은 방문자가 입소문 글을 읽고 추가적인 액션, 즉 홈페이지로 방문해서 사양을 확인하거나 견적을 받는 행위를 촉진하기 위한 것이었다. 이 경우는 두 사이트 간 중복 방문율(affinity rate)을 보면 성과를 가늠하기 쉽다. 많은 유료, 무료 툴(tool)이 채널 간 중복 방문율 지표를 제공한다.

그러나 중복 방문율 지표를 볼 수 있는 사이트들은 아주 많지만, 이를 어떤 상황에서 보아야 할지, 또 이 지표를 단독으로 성과 지표로 써야 할지 아니면 단순히 모니터링 지표로 활용해야 할지도 고민해야 한다. 이와 같은 사례로 최근 보험사 사이트와 보험 가격 비교 사이트 간의 중복 방문율을 경쟁사 대비해서 본 적이 있다. 검색량을 보면 많은 보험 가입자가 보험 가격 비교 사이트를 검색해서 보고 그를 통해 유입된다는 것이 드러나기 때문이었다. 이처럼 DT 시대에는 모든 것이 데이터화되어서 볼 수 있기 때문에, 어떤 데이터를 볼 것인지와 그것을 어떤 관점에서 볼 것인지가 매우 중요해졌다.

## 사례: '더 포드 스토리(The Ford Story)' 사이트

이 사이트(thefordstory.com)는 포드자동차와 관련된 많은 소셜 미디어 포스팅을 수집해서 보여준다.

다양한 포드 관련
공식 기사 제공

'애드플래너(Adplanner)'라는 툴을 통해 무료로 중복 방문율을 확인해볼 수 있다.

* 자료: Google Adplanner, 검색 결과

# 옴니 채널
# 데이터 모델링


페이스북을 예로 들면, 초기에 나라별로 '애드테크 파트너(ad-tech partner)' 선정을 통해서 페이스북 내부 데이터를 공유하고 광고주에게 팬페이지 운영, 페이스북 광고 집행 성과 등에 대해 대시보드 및 관련 서비스를 진행해왔다. 그리고 최근에는 '오디언스 인사이트 파트너(audience insight partner)'라고 해서, 광고 전에 단순히 페이스북 데이터만이 아닌, 검색, 블로그 등 다양한 데이터 조합을 통해 광고주에게 인사이트를 제공하고 페이스북 광고 활용성을 높이는 파트너를 선정하고 있다.

마이셀럽스에서는 페이스북 데이터와 검색 및 소셜 데이터 등 다양한 채널에서의 데이터 소스를 조합한 브랜드 대시보드를 제시하였다. 옴니 채널 데이터뿐만 아니라 광고주 자체 내부 데이터까지 포괄하여 다양한 형태의 광고 인사이트와 성과 지표를 제공한다.

이와 같이 옴니 채널상에서 적절한 데이터를 소싱하고 모델링하는 것은 매우 중요한 마케팅 활동이 되었다.

# 페이스북 데이터와 검색 등 라이프로그 데이터가 결합된 대시보드 예시

* 자료: 마이셀럽스 제공

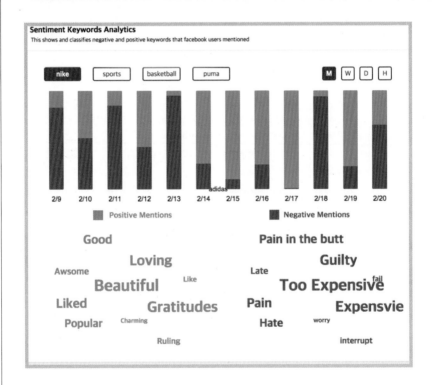

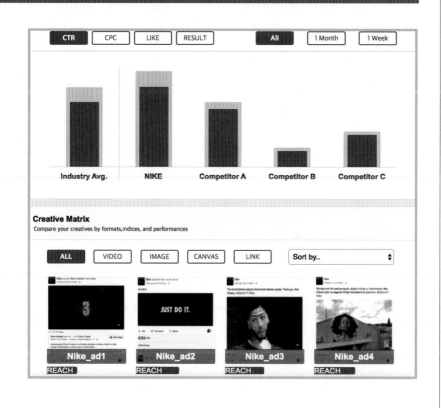

# 소비자 구전(WoM)의 영향력

마케팅에서 WoM(Word-of-Mouth: 구전)이 현실적으로 막강한 힘을 갖고 있음은 누구나 알고 있다. WoM이 고객 의사결정 과정에서 미치는 영향력을 성숙 시장과 성장 시장으로 나누어 살펴보면 소속된 산업이나 판매 제품에 따라 정도의 차이가 있지만, 소비자 구매의 전 과정에서 결정적 영향력을 발휘한다는 사실을 확인할 수 있다. WoM은 기업이 반드시 모니터링하고 적극 활용해야 할 중요한 고객 단서이다.

반면에 WoM 전략을 짤 때 단순히 영향력(influence)이라는 명목하에 페이드(paid) 블로그나 BJ(Broadcasting Jockey)를 고용하여 콘텐츠를 생성하고 구전을 형성한다는 단순한 접근보다는 예시 그림과 같이 산업별 소비자의 접점과 정황 데이터를 함께 보면서, 그 정황에 맞는 내용과 채널에 대입시켜서 활용해야 한다. 어떤 내용은 전문성을 크게 하고 어떤 내용은 재미있게 만들어서 인지를 시켜야 하고 어떤 내용은 기존 상식을 뒤엎을 만큼 논리가 분명해야 할 경우가 있으므로, 각기 다른 채널과 내용과 영향력이 설정되어야 하기 때문이다. 이와 같이 WoM을 성과 측정에 활용하는 방법은 복잡하고 생소하게 들리지만, 의외로 다양한 기술과 툴의 발전으로 간단히 해결할 수 있는 방법이 많다.

| A 성숙 시장 WoM 영향력(예시적) | | B 성장 시장 WoM 영향력(예시적) | |
|---|---|---|---|
| **❶ 최초 고려대상 포함 요인** | | **❶ 최초 고려대상 포함 요인** | |
| 1. 광고 | 31 | 1. WoM | 19 |
| 2. 이전 사용경험 | 25 | 2. 광고 | 16 |
| 3. **WoM** | 19 | 3. 이전 사용경험 | 14 |
| 4. 인터넷 정보 | 16 | 4. 잡지/후기 | 12 |
| 5. 접촉한 업체 | 5 | 5. 접촉한 업체 | 9 |
| 6. 잡지/후기 | 2 | 6. POS의 추천 | 5 |
| **❷ 적극적 평가단계 시 고려 대상 포함 요인** | | **❷ 적극적 평가단계 시 고려 대상 포함 요인** | |
| 1. 인터넷 정보 | 30 | 1. WoM | 30 |
| 2. **WoM** | 19 | 2. 광고 | 24 |
| 3. 매장 | 18 | 3. 과거 사용경험 | 12 |
| 4. 광고 | 18 | 4. 잡지/후기 | 8 |
| 5. 잡지/후기 | 11 | 5. POS의 추천 | 8 |
| 6. 홍보 | 2 | 6. 접촉한 이통사 | 4 |
| 7. 접촉한 업체 | 1 | | |
| **❸ 구매 시 최종 선정 요인** | | **❸ 구매 시 최종 선정 요인** | |
| 1. 인터넷 정보 | 63 | 1. WoM | 47 |
| 2. 매장 | 21 | 2. 광고 | 39 |
| 3. **WoM** | 11 | 3. 잡지/후기 | 10 |
| 4. 광고 | 3 | 4. POS의 추천 | 2 |
| 5. 접촉한 업체 | 2 | 5. 접촉한 이통사 | 1 |
| | | 6. 과거 사용경험 | 1 |

소비자 구매 과정

충성 → 인지 → 흥미, 관심 → 구매 결정 → 구매 → 구매 후 경험

* 자료: 산업 분석 예시

# 데이터를 활용한
# 마케팅 성과 검증 사례 Ⅰ:
# 광고 모델 사례

대중이 블로그, 페이스북, 검색 등을 통해 남기는 집단지성 데이터들은 마케팅 효과 검증에 다양하게 활용될 수 있다. 예를 들어 자동차 A 제품의 광고에 배우 B를 CF 모델로 썼을 때, 광고 전후 6개월간 A 제품에 대한 소비자 언급 감성이 어떻게 변화되었는가를 본다고 하자.

기존에는 설문조사 등을 통해 모델 상기율, 브랜드 매칭율 등을 5점 또는 7점 척도로 평가하는 수준이었고 그 기간과 비용 또한 적지 않았다.

**바이두 검색 엔진 SEO를 위한 좋은 문서 판단 알고리즘**

**CF 이후 B 배우-A 제품 감성 키워드 맵**

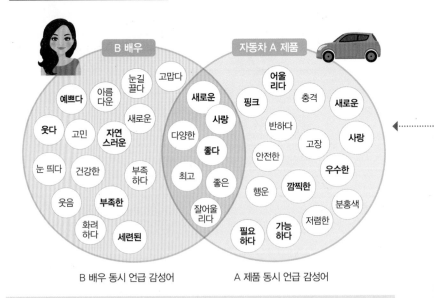

B 배우 동시 언급 감성어　　　　A 제품 동시 언급 감성어

＊자료: 마이셀럽스 브랜드 대시보드

이에 비해 구전 데이터를 분석하는 방식은 CF 모델의 이미지가 제품 이미지로 얼마나 옮겨왔느냐를 구체적으로 가늠해볼 수 있게 해준다. 이와 같이 WoM 데이터로 무엇을 볼 것인지 정하고 데이터를 조합하는 모델링(modeling) 과정이 중요한데, 이런 역량이 숙련되면 기존에 심하게 모호하던 부분들(grey zone)이 해소될 수 있다.

## A 제품 CF 전후 감성 키워드 연관 빈도 변화율

| 감성키워드 | 전 | 후 | 연관도 변화율 |
|---|---|---|---|
| 다양한 | 465 | 720 | 53% |
| 귀여운 | 143 | 382 | 161% |
| 좋은 | 253 | 341 | 35% |
| 사랑 | 1 | 281 | +281 |
| 좋다 | 228 | 211 | −9% |
| 새로운 | 280 | 205 | −26% |
| 최고 | 100 | 194 | 95% |
| 귀엽다 | 133 | 192 | 44% |
| 크다 | 137 | 160 | 16% |
| 갖추다 | 127 | 135 | 6% |
| 잘어울리다 | 44 | 129 | 185% |
| 다르다 | 46 | 102 | 122% |
| 좋아하다 | 0 | 160 | +160 |
| 예쁜 | 0 | 157 | +157 |
| 돋보이다 | 142 | 82 | −43% |
| 이쁜 | 51 | 79 | 55% |
| 유명한 | 81 | 80 | −1% |
| 사랑스러운 | 0 | 155 | +155 |
| 작다 | 70 | 76 | 9% |
| 기대 | 154 | 72 | −54% |
| 이쁘다 | 48 | 71 | 48% |
| 화려한 | 35 | 63 | 80% |
| 선호 | 0 | 160 | +160 |
| 진심 | 0 | 152 | +152 |

사람들이 배우 B에 대해 언급하는 감성들이 A 제품으로 전이되었는지 감성어별로 확인 가능하다.

# 데이터를 활용한
# 마케팅 효과 검증 사례 II:
# 경쟁 분석 및 제품 반응 검증

신제품을 출시한 후 소비자 반응의 추이를 검색이나 구전(WoM) 등의 데이터 분석을 통해 신속하게 파악함으로써 효과적인 마케팅 의사결정을 할 수 있다. 전문 마케팅 리서치 기관에 위탁하여 수개월이 지난 후에 결과를 받아보던 것에 비하면 매우 빠르고 효율적이다.

먼저, 제품을 출시한 후 언급량, 검색 횟수, 키워드 등의 데이터를 측정하여 소비자 관심도를 경쟁 제품과 비교해봄으로써 마케팅 성과를 측정하고 앞으로의 전략 방향을 가늠할 수 있다. 아래 그림을 살펴보면 자동차 브랜드 A는 초기 관심이 고조되었으나 그 추세를 유지하지 못하고 하락한 반면, 브랜드 B는 비교적 장시간 관심이 유지되는 현상을 보인다.

데이터 분석을 통해 제품을 기획했을 때 의도했던 소비자 반응과 실제 제

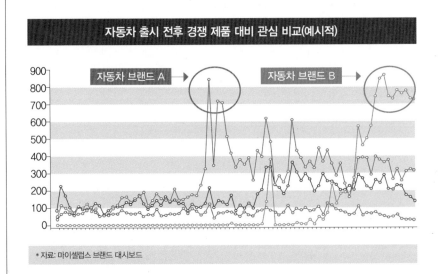

자동차 출시 전후 경쟁 제품 대비 관심 비교(예시적)

\* 자료: 마이셀럽스 브랜드 대시보드

품이 출시되었을 때의 소비자 반응을 비교하여 분석하고, 이를 경쟁사 제품과 비교하여 살펴보면 앞으로 어떤 추가적인 노력을 가해야 할지 선명하게 드러난다.

아래 표에서 자동차 브랜드 A는 자사 제품에 대해 소비자들이 '앞섬', '파격적', '오랜 역사', '선도적' 등의 느낌을 갖기를 기대했다. 그런데 그 비율은 대체로 낮았다. 자동차 브랜드 B는 '튼튼함', '세련됨', '클래식' 등의 소비자 반응을 기대했다. 경쟁 제품인 자동차 브랜드 A보다는 목표한 반응이 더 많이 나왔지만 기대 이하의 비율이다.

이런 결과를 놓고 앞으로 이 감성어를 마케팅 캠페인을 통해 더 강화해야 할지 포기해야 할지에 대한 의사결정을 내릴 수 있다. 또한 예를 들어, 파격적이라는 느낌을 좀 더 강화시키기 위해서 파격적인 콘셉트의 광고나 캠페인을 구상하거나 하는 식으로 의사결정이 진행될 수도 있다.

**제품을 기획하여 출시할 때 의도했던 소비자 반응과 실제 언급 비율 비교(예시적)**

| 순위 | 자동차 브랜드 A(%) | | 자동차 브랜드 B(%) | |
|---|---|---|---|---|
| 1 | 앞섬(비교적) | 1.17 | 튼튼함 | 3.58 |
| 2 | 선도적 | 0.63 | 세련됨 | 2.45 |
| 3 | 오랜 역사 | 0.08 | 클래식 | 1.91 |
| 4 | 파격적 | 0.00 | 미래적 | 0.08 |
| 5 | 친숙 | 0.00 | 자신감 | 0.00 |
| 6 | 전통적 | 0.00 | 럭셔리 | 0.00 |
| 7 | 첨단 | 0.00 | 특유 | 0.00 |
| 합계 | | 1.88 | | 7.94 |

# 데이터를 활용한
# 마케팅 효과 검증 사례 Ⅲ:
# 스마트폰 출시 캠페인 직후 성과 검증

DT 시대 제품 간의 경쟁은 속도전이다. 소비자의 반응을 실시간으로 파악하여 즉시 대응하지 않는다면 경쟁에서 처질 수밖에 없다. 시간이 걸려서 결과를 보고받는 마케팅 성과 분석 방식은 데이터 시대에는 한계가 드러난다. 따라서 고객의 라이프로그를 통해 WoM을 분석하고 각 채널별 성과를 모니터링하는 과정은 매우 중요하다.

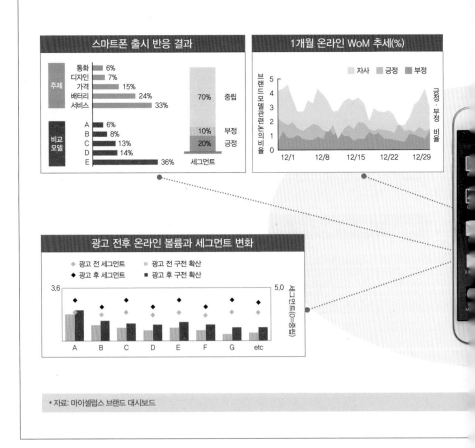

* 자료: 마이셀럽스 브랜드 대시보드

스마트폰 신제품을 내놓은 직후 각 채널이 소비자의 WoM을 수집하고 이것을 통합적으로 관리한 예시를 보자. 출시 후 반응(경쟁사 대비), 부정적 언급의 확산 현황, 경쟁사 대비 브랜드 언급 추이, 구매 속성별 언급 키워드, 광고 전후의 반응 등을 실시간으로 모니터링하면서 신속한 대응을 진행할 수 있다.

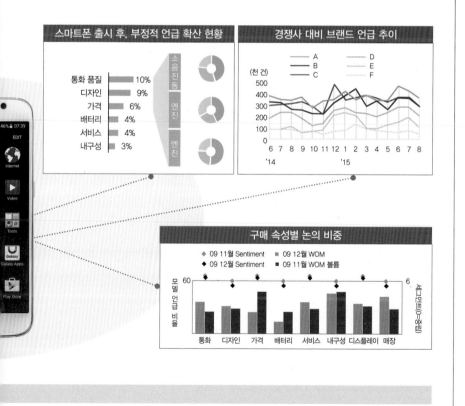

# KPI 모델링 방식과 타이밍

여전히 많은 기업이 마케팅 성과 측정을 할 때 채널별로 하고 있다. 지표도 방문자 수, 좋아요 수 등과 같이 단순한 경우가 많다. 그러나 옴니채널 간 연계를 고려해야 되고 다양한 지표를 고려해서 사전에 모델링(modelling)을 해야 한다.

예를 들어 유효한 방문자(qualified reach)를 정의한다고 해보자. 전체 순방문자(UV)를 제공하는 툴과 서비스 회사들은 매우 많다. 다양한 회사들과 추세적 비교를 해야 할 때와 온전히 우리 회사 내부 데이터를 명확히 알아야 할 때 등 상황에 따라 적절한 툴을 정해야 한다. 그리고 첫 페이지 이탈율(bounce rate)을 제외하는 경우에는 그 데이터를 제공하는 툴도 많다. 예를 들어 이번 캠페인의 'qualified reach = UV - 1page bounce rate(전체 순방문자에서 첫 페이지 이탈 방문자를 뺀 수치)'라고 간단히 정의할 수 있다.

KPI를 설계할 때는 다양한 채널을 넘나드는 이용자의 데이터 소스를 바탕으로 해야 하며 채널별 성과를 넘어 채널 간 협업적 성과를 측정할 수 있어야 한다. 이유는 간단하다. 소비자들이 그렇게 움직이기 때문이다.

마케팅에서는 광고주-에이전시 등 복잡한 구조의 커뮤니케이션 체계를 가지는 경우가 많으므로 KPI 설정 방식과 타이밍 또한 매우 중요하다. 캠페인 목표에 맞는 전략 그리고 전력과 연동된 성과를 사전에 정의해야 하

며 반드시 관련자들이 함께 참여해서 협의한 후 진행해야 실행 시에도 성
과 몰입도가 높아지고 이후 불필요한 논쟁도 줄어들게 된다.

## qualified reach = UV - 1page bounce rate

# KPI 기반의
# 마케팅 예산 편성

마케팅 예산을 편성할 때는 각 채널의 객관적인 성과 평가를 기반으로 해야 한다. 아래 그림의 사례를 보면 회사의 채널과 미디어를 유효 사용자 건별 비용으로 분석하고 이에 따라 예산을 재분배함으로써 예산을 줄이고도 유효 사용자를 증가시키는 효과를 거두었음을 알 수 있다.

이와 같이 옴니 채널을 단일 통화(single currency)로 치환하는 방식은 복잡하고 논쟁적이며 때로는 소모적이기도 하기 때문에, 반드시 정교한 방

| 모델 선정 컨텐츠 생성(예시적) | |
|---|---|
| **마케팅 수단** | **유효 사용자 건별 비용** |
| 검색 광고 | 0.2 |
| 페이스북 | 0.4 |
| 온라인 배너 | **0.5** |
| 웹진 | 0.8 |
| 이메일 마케팅 | 0.9 |
| 새로운 온라인 수단 | 1.2 |
| 오프라인 우편 발송 | 1.3 |
| 라디오 | 1.5 |
| 인쇄물 | 1.9 |
| 웹사이트 | 2.7 |
| TV | 2.9 |
| 시간표 | 3.3 |
| 판촉 | 0.2 |
| 옥외 | 8.4 |
| 스포츠 후원 | 40.7 |

식을 따르자는 것은 아니다.

따라서 모든 채널에 단일한 기준을 적용하여 그 비용을 측정하는 것은 결코 간단한 일이 아니지만, 그럼에도 비교 가능한 기준을 확립하는 일은 매우 중요하다. 이와 같이 채널 협업 체계를 세우면서 각 채널에 자기 역할을 부여하고 이에 따라 효율적으로 예산을 배분할 수 있다.

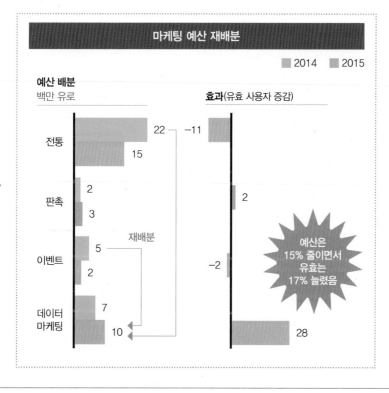

마케팅 예산 재배분

■ 2014 ■ 2015

**예산 배분**
백만 유로

**효과**(유효 사용자 증감)

전통   22   15   −11

판촉   2   3   2

이벤트   재배분   5   2   −2

데이터 마케팅   7   10   28

예산은 15% 줄이면서 유효는 17% 늘렸음

# 리서치 업체를 위협하는
# 인공지능 브랜드 대시보드

앞서 언급한 대로 기존 마케팅을 보면, 마케팅 성과에 대해 설문지, 전화 설문 등의 방식을 통해 브랜드 상기도, CF 모델 상기도 등을 5~7점 척도로 판별하고 이를 리포트화해서 제시해주는 데 적어도 2~3개월이 걸리는 데다 비용도 크게 든다. 이런 방식은 더 이상 공감이 되지도 않을뿐더러, 실질적인 개선으로 이어지지도 않는다.

또한 수많은 빅데이터 업체가 데이터를 수집해서 이를 리포트화하는 방식으로 사업을 하는데, 이 또한 마케팅 전문 인력이 아닌 데다 역시나 시

## 마이셀럽스의 인공지능 기반 브랜드 대시보드

**Problem solving**

- 브랜드에 대한 소비자 관심 영역 파악

- 경쟁 브랜드 간의 경쟁 현황 및 경쟁구도 분석

- 브랜드에 대한 소비자의 감성 이미지 형성 요소 파악

- 브랜드 검색과 언급량 변화 추이와 주요 관심 영역의 변화를 파악하여 브랜드에 대한 소비자 인식을 다각도에서 접근

간도 2~3개월씩 걸리고 비용도 만만치 않을 뿐만 아니라 원본 데이터를 제공하지 않는 경우가 대부분이라 정합성 검증이 어렵다.

마이셀럽스가 내놓은 인공지능 기반 브랜드 대시보드는 이와 같은 문제들을 해결하는 획기적인 성과 지표 툴이다. 각종 내·외부 라이프로그들을 실시간 수집−시각화하여 다양한 성과지표를 실시간으로 보여줄 수 있게 되었다.

- 제품에 대한 주요 속성의 비중과 시간에 따른 변화 분석
- 경쟁 브랜드와의 시간에 따른 언급량 분석

- 브랜드의 긍정 언급과 그 변화 추적
- 브랜드 연관어를 성격별로 그룹핑하여 중요도에 따른 비중 분석

**Problem solving**

- 제품에 대한 소비자의 관심사
  와 그 변화를 파악

- 제품에 대한 소비자 검색 패턴
  분석

- 제품의 주요 연관어 분석을 통
  한 소구 포인트 발굴

- 제품 관련 자동완성 검색어의 주간
  추이를 통해 제품에 대한 소비자의
  직접적인 관심사 변화 파악

**Problem solving**

- 홈페이지 방문자 트래픽 및 행동
  패턴의 실시간 visibility 확보

- 홈페이지 트래픽 성과의 모니
  터링 접근성 제고

- 콘텐츠 특성에 따른 사용자 관
  심 영역 파악 및 사용자 정보
  탐색 패턴에 따른 UI/UX 개선
  점 발굴

- 홈페이지 내 방문자의 마우스 이동,
  클릭 등 활동을 히트맵으로 분석

- 제품 관련 연관 검색어의 변화를 통해 탈취제에 대한 소비자 검색 패턴 분석

- 제품 관련 주요 연관어의 변화를 통해 제품에 대한 소비자 인식 변화 분석

- 홈페이지 내 방문자의 마우스 이동, 클릭 등 활동을 히트맵으로 분석

- 페이지 내 마우스 스크롤의 이동 및 체류 시간 정보로부터 히트맵 분석

08

# 브랜드 리스크 관리의 뉴노멀

## 게재 관리에서 확산 대응으로

From publication monitoring to diffusion management

# 기업 리스크 관리(RM) 방식의 리스크

기업은 대개 홍보(PR) 부서에서 리스크 관리를 맡아왔다. 초기에는 주로 게재 관리였다. 기업에 부정적인 내용의 게재를 사전에 관리했고 언론사와의 평소 관계 관리, 가판 관리 또한 중요했었다. 그러나 이제 특정 사항 보도 시 이를 동시에 보도하는 매체와 기사가 수천 건을 넘어가기도 하고, 신생 매체의 범람과 개인의 영향력 확대, 게다가 소셜 채널의 확산력 급증에 따라 기존 리스크 관리 방식이야말로 위험한 상황에 놓이게 되었다.

신문 가판 제도가 없어지고 데이터 실시간 수집이 가능해지면서 기업은 기업과 관련된 부정 뉴스들이 게재된 것을 실시간으로 감지할 수 있게 되었다. 그러나 대응책에 대해서는 여전히 기존의 방식에서 벗어나지 못하고 있고, 브랜드 리스크 관리 또한 마찬가지 수준이다. 그뿐만 아니라 리스크 조기 감지가 가능해지면서 부정적 뉴스 게재 시 내부 직원들끼리 먼저 공유하며 오히려 내부 직원들이 초기 클릭을 몰아주는 역할을 하는 셈이 되어 실시간 검색 순위를 높이거나, 많이 본 뉴스에 오르는 해프닝이 비일비재한 상황이다.

기업 리스크 관리의 뉴노멀은 이와 같이 기존의 게재 관리에만 집중하던 방식에서 벗어나 확산에 대한 대응을 어떻게 할 것인지에 집중하는 방법을 제시한다.

# Every company is Media company

기업에서는 전통적으로 매체에 부정적인 기사가 언급되는 것을 가장 큰 리스크 요인으로 생각해왔다. 그러나 실제로는 검색, 페이스북, 블로그 등과 같은 사용자 채널에서의 확산과 관심도를 관리하는 것이 훨씬 더 중요한 경우가 많다. 아래 그림을 통해 주요 행사 및 시상식 언급량에 대해 기존 매체인 뉴스와 사용자 채널인 트위터, 블로그로 나누어 비교한 사례를 살펴보자. 예를 들어 엠넷아시아뮤직어워드(일명 MAMA)라는 시상식은 여타 대표 시상식이나 행사에 비해 뉴스 커버는 적으나 사용자 채널에서 압도적인 공유가 되고 있음을 확인할 수 있다. 시상식의 성격과 타깃팅에 따라 다르겠지만 상식적으로 생각해도 이와 같은 경우에는 개인 및 소셜 채널에서의 확산도가 뉴스 게재보다 훨씬 유효하며 광고주 입장에서도 가치가 있다고 할 수 있다. 이제는 광고비나 후원비 책정 등과 같이 행사의 상업적 가치 판단 기준을 잡을 때, 사용자 채널의 중요성을 반영해야 합리적이다. 뿐만 아니라 그만큼 리스크에 노출될 수 있다는 부분도 공존한다.

이처럼 기업이 자체 보유한 행사 하나가 큰 매체 이상의 영향력을 가질 수도 있게 되었다. 이제 "모든 기업이 미디어 회사다(Every company is

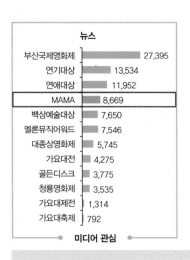

media company)"라고 해도 과언이 아니다. 모든 기업이 미디어 회사가 되어야 한다는 말은 기존 매체와 소셜 매체 그리고 기업이 보유한 매체까지 통틀어서 전략적 활용을 해야 한다는 의미와, 무엇보다도 이를 통해 기업이 콘텐츠 게재 및 확산에 대한 통제 용이성을 늘려간다는 전략적 의미도 크다. 동시에 마케팅과 PR의 경계가 허물어진다는 의미도 포함되어 있다. 기업들이 보유한 자체 채널뿐만 아니라 전 옴니 채널을 통해 고객과 소통함으로써 리스크 확산 또한 효과적으로 대처할 수 있다. 한 예로 삼성 그룹 블로그의 '그건 이렇습니다'라는 메뉴는 관심도가 높은 고객에게 적극적으로 사안을 해명하고 회사 입장의 정보를 제공함으로써 부정적 이미지의 확산을 회사 입장에서 방어하기 위한 중요한 사례가 되기도 했다.

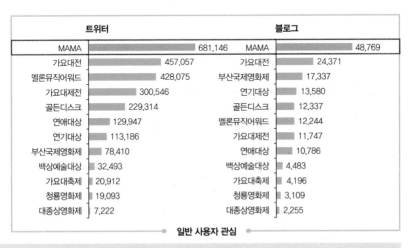

| 트위터 | | 블로그 | |
|---|---|---|---|
| MAMA | 681,146 | MAMA | 48,769 |
| 가요대전 | 457,057 | 가요대전 | 24,371 |
| 멜론뮤직어워드 | 428,075 | 부산국제영화제 | 17,337 |
| 가요대제전 | 300,546 | 연기대상 | 13,580 |
| 골든디스크 | 229,314 | 골든디스크 | 12,337 |
| 연애대상 | 129,947 | 멜론뮤직어워드 | 12,244 |
| 연기대상 | 113,186 | 가요대제전 | 11,747 |
| 부산국제영화제 | 78,410 | 연애대상 | 10,786 |
| 백상예술대상 | 32,493 | 백상예술대상 | 4,483 |
| 가요대축제 | 20,912 | 가요대축제 | 4,196 |
| 청룡영화제 | 19,093 | 청룡영화제 | 3,109 |
| 대종상영화제 | 7,222 | 대종상영화제 | 2,255 |

일반 사용자 관심

* 자료: 네이버 블로그 / 트위터 31.7억 건, 네이버 뉴스 검색 (기간: 2012. 12. 01.~2013. 11 .30.)

# 리스크에 대한 이해부터
# 선행되어야 한다

옴니 채널 시대가 되면서 '리스크'라는 것에 대응하기가 무척이나 까다로워졌다. 이제 채널별 리스크에 대한 충분한 이해를 바탕으로 리스크 관리가 기획·실행되어야 한다. 리스크가 크고 관리 효과가 높은 것이 선행되며 리스크가 낮고 관리의 잠재적 효과가 낮은 것은 우선순위가 낮다. 이를 위해 가장 먼저 관계자들끼리 모여서, 아래 예시와 같이 리스크의 접

| 이슈 접점에 따른 관리 포인트 및 잠재적 효과(예시적) | | |
|---|---|---|
| **이슈 접점별 관리 포인트** | **잠재적 효과** | ○효과 낮음 ●효과 높음 |
| High risk | | |
| • 주요 검색 엔진상의 평판 관리 | | ● |
| • 검열되지 않은 소비자의 경험 수기 및 비판 논조의 의견 | | ◕ |
| • 애드버킷(Advocate) 통한 긍정적 메시지 확산 | | ◔ |
| • 부정적 게시글에 대한 공식답변 | | ◔ |
| • 임직원 개인 블로그 | | ◑ |
| Low risk | | |
| • 파워 블로깅(Paid blogging) | | ◑ |

점별 형태와 관리 포인트에 대한 부분부터 정의해야 한다.

아울러 효과적인 리스크 관리를 위해서 Who(누가 영향력이 있는가), Where(어떤 채널이나 미디어가 중요한가), What(어떤 활동을 해야 하는가)의 3가지 차원을 중심으로 한 치밀한 계획과 실행이 필요하다.

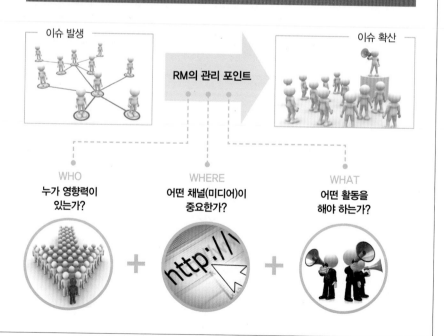

체계적 RM을 위한 핵심 Lever 예시

이슈 발생

RM의 관리 포인트

이슈 확산

WHO
누가 영향력이
있는가?

WHERE
어떤 채널(미디어)이
중요한가?

WHAT
어떤 활동을
해야 하는가?

# 옴니 채널하에서의
# 리스크 대응 방법론

대기업의 PR 팀에서 대형 PR 에이전시와 단체 메신저방에서 리스크 대응을 논의하는 내용을 보고 놀란 적이 있다. 전부 개개인의 경험치에만 의존하여 의사결정을 하는 것이었다. 기업의 리스크는 하나의 팀이나 담당자만의 일이 아니다. 기업의 규모가 크고 다양한 사업을 할수록 각 부서의 입장이 상충되고 조율이 필요할 때가 많다. 그럴수록 필요한 것이 원칙이고 방법론이다. 유관 부서들이 같은 판을 놓고 함께 대응 전략을 짜기 위해서 아래와 같이 방법론을 제시하고자 한다. 다양한 방법론 중 하나로 채널별 리스크 관리를 계획할 때는 이슈의 확산도와 통제 가능성을 주된 지표로 삼아 브랜드 리스크 모니터링과 전략적 대응 체계를 구축해볼 수 있다. 예를 들어 검색 키워드는 집중 관리 대상이다. 이슈로부터 파

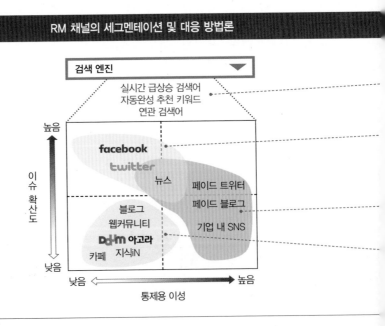

**RM 채널의 세그멘테이션 및 대응 방법론**

검색 엔진

실시간 급상승 검색어
자동완성 추천 키워드
연관 검색어

이슈 확산도

높음

facebook
twitter
뉴스
페이드 트위터
페이드 블로그
블로그
웹커뮤니티
Daum 아고라
기업 내 SNS
카페 지식iN

낮음

낮음 ← 통제용 이성 → 높음

생되는 키워드를 모니터링하고 검색 엔진 알고리즘의 이해를 통한 전략적 키워드 관리를 해야 한다.

또한 이슈 확산도가 가장 크고, 통제 용이성이 가장 낮은 채널이 페이스북이면 그 채널에서는 집중적인 모니터링을 통해 확산되는 양상을 살펴야 하고, 반박을 할지 사과를 할지 판단하여 빠른 대응을 해야 한다. 통제 용이성이 가장 높은 채널은 당연히 기업 보유 채널이고, 이곳을 통해서는 적극적 해명 등의 타이밍을 살펴야 한다. 이와 같이 옴니 채널하에서는 수많은 데이터를 기반으로 기존 게재 관리에서 확산 관리를 하는 것이 더욱 중요하다.

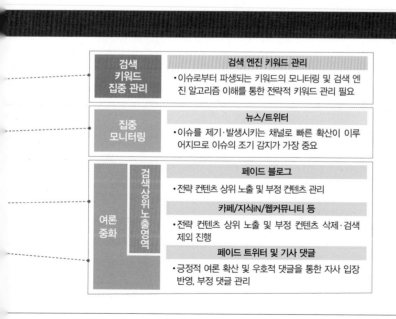

| 검색 키워드 집중 관리 | **검색 엔진 키워드 관리** |
| --- | --- |
| | • 이슈로부터 파생되는 키워드의 모니터링 및 검색 엔진 알고리즘 이해를 통한 전략적 키워드 관리 필요 |

| 집중 모니터링 | **뉴스/트위터** |
| --- | --- |
| | • 이슈를 제기·발생시키는 채널로 빠른 확산이 이루어지므로 이슈의 조기 감지가 가장 중요 |

| 여론 중화 | 검색 상위 노출영역 | **페이드 블로그** |
| --- | --- | --- |
| | | • 전략 컨텐츠 상위 노출 및 부정 컨텐츠 관리 |
| | | **카페/지식iN/웹커뮤니티 등** |
| | | • 전략 컨텐츠 상위 노출 및 부정 컨텐츠 삭제·검색 제외 진행 |
| | | **페이드 트위터 및 기사 댓글** |
| | | • 긍정적 여론 확산 및 우호적 댓글을 통한 자사 입장 반영, 부정 댓글 관리 |

# 빈번하게 언급되는
# 부정적 이슈 대응 방법

기업은 고객들로부터 가장 빈번하게 언급되는 부정적인 이슈와 그 세부적인 내용을 파악하여 관련 부서별 대응 방안을 수립해야 한다. 우선 기업이나 브랜드에 부정적인 내용이나 단어가 포함된 문서들은 쉽게 수집할 수 있다. 데이터 수집을 전문으로 하는 회사도 많고 비용도 크지 않으니, 규모가 있는 기업이라면 외부 역량을 활용하는 것도 나쁘지 않다. 이처럼 수집은 큰 이슈가 아니다. 무엇을 왜 모니터링할지 정확한 목적에 따라 데이터 수집 소스를 적절히 정의하면 된다. 수집된 데이터와 관련된

| WoM 분류 | 세부 설명 |
|---|---|
| 즉시 개선이 불가능한 품질 이슈 | • 즉각적 개선이 불가능한 품질에 대한 부정적 WoM(예: 엔진, 소음)<br>• 부정적 WoM의 추세 모니터링 및 품질 재검토<br>• 제품이 원인인 경우와 그렇지 않은 경우를 나누어 대응 |
| 즉시 개선이 가능한 품질 이슈 | • 상대적으로 빠른 개선이 가능한 품질에 대한 부정적 WOM(예: 콘솔, 라이트)<br>• 부정적 WoM의 추세 모니터링 및 품질 재검토<br>• 개선 조치 이행할 경우 고객과 커뮤니케이션 실시 |
| 서비스 이유 | • 서비스에 관련한 부정적 WoM<br>• 추세를 모니터링하고 선제적인 공식 입장 발표 고려<br>• 문제 원인 파악 및 재발 방지를 위한 전략 논의 |

\* 자료: 예시

문서를 즉시 개선이 가능한 이슈와 즉시 개선이 불가능한 영역, 서비스 영역 등 목적별로 나누어서 볼 필요가 있다.

아래 그림은 자동차 기업이 자동차 모델에 관한 부정적 이슈를 WoM 분류하고 분석한 예시다. 문제가 무엇인지 명확히 알게 되는 순간, 이미 50%는 해결된 것이라고 해도 과언이 아니다. 부정적 이슈를 실시간으로 파악하고 즉시 효과적인 대응책을 세워서 차근차근 해결해나갈 수 있다.

XX 모델 온라인 WoM 분석 결과(%)*

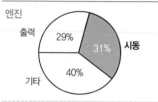

시동도 안 걸리고 갑자기 시동 꺼지는 차를 어떻게 타고 다니라는 건지..(2010-05-15, XX-Club)

이거 XX도 대규모 엔진꺼짐 리콜 들어가야 하는 거 아닌지...(2010-07-12, XX MANIA CLUB)

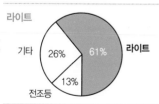

웰컴기능 시 라이트 및 사이드 미러에 불이 안 들어옴(2010-07-26, XX MANIA CLUB)

그리고 웰컴기능에서 가까이 가면 도어 손잡이 쪽 램프가 어떻게 하면 켜지는지 어제 암만 해봐도 도어 쪽 불이 안켜지던데요(2010-07-07, 클럽 XX)

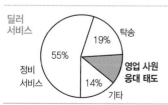

영맨 태도나 서비스가 마음에 들지 않아 다른 곳에서 계약을 하려고 합니다.(2010-09-18 XX MANIA CLUB)

차량이 좋아서 XX 선택했지만 영맨분들의 마인드는 정말 큰 실망입니다...(2010-06-14, XX MANIA CLUB)

* 자료: 보배드림, 다음 엔진, XX 매니아 등 자동차 관련 게시판 게시글 분석 예시

09

# 콘텐츠 기획의 뉴노멀

## 창의성에서 집단지성 기반으로

From creativity-driven to collective intelligence-basis

# 콘텐츠 제작에 대한
# 전략적 접근법

우선, 콘텐츠를 만드는 목적이 무엇일까? 앞 장들과 연결해서 표현한다면, 콘텐츠 제작은 기업이 고객에게 가장 효과적이고 효율적으로 가치 제안을 하기 위한 방법이다. 쉽게 말해서 당연히 기업이 고객에게 원하는 메시지를 전달하기 위함이다. 그리고 그 전달(deliver)이 고객에게 각인되어서 기업이 목표로 하는 고객의 행동까지 유도하려는 시도가 바로 콘텐츠를 '잘' 만들려는 이유이자 목적이라고 할 수 있다.

콘텐츠를 잘 만든다는 것은 어떤 의미인가? 고객이 콘텐츠를 보고 "와우(wow)!" 하거나 흥분(excitement)되어 자사 제품이나 서비스에 대한 우호적인 행위를 유발시키는 것이다. 이와 같이 본질에 대한 고민이 선행되어야 하며 소비자가 "와우!" 하게 되는 '환희 요소(excitement factor)'를 찾아야 한다.

그런 점에서 콘텐츠의 본질적 목표는 이를 통해 ① 놀라움과 감동을 주도록, ② 내 제품이나 서비스가 주목을 받고 사용하고 싶도록, ③ 공유하고 싶도록 하는 것이다. 그렇다면 콘텐츠를 만들 때 고객에게 이 3가지 가치가 창출되는 환희 요소(excitement factor)로는 어떤 것들이 있을까?

① 유일무이한 것을 보았을 때(unique) ② 나만 특별 대우받거나 딱 나를 위한 서비스나 제품이라는 느낌을 받을 때(exclusive, personalised) ③ 내가 참여하고 싶거나 참여할 때(co-creation, fun to participate) ④ 진정성이 느껴질 때(truth, sincerity) ⑤ 보기에 재미있을 때(fun to watch) ⑥ 주위에 공유하고 자랑할 거리를 보았을 때(sharable) ⑦ 감동받았을 때(touching) ⑧ 무엇인가 금기시되는 것을 타파하는 것을 보았을 때(tabu-breaking) 등이

고객을 기대 가치 이상으로 흥분시키는 것들이 아닐까?

우리는 이 중에 항상 재미있고 자극적인 것들만이 콘텐츠 아이디어인 양, 때로는 진정성만이 최우선 가치인 듯이 단언하는 경우를 많이 볼 수 있다. 항상 콘텐츠를 만들어야 하는 사람들에게 이와 같은 본질적인 요인들에 대해 방법론까지는 아니더라도, 체크리스트 정도는 가지고 어떤 요소를 충족시킬지 목표를 정하고 콘텐츠 전략을 수립하는 접근법을 권하고 싶다.

아래 표는 마이셀럽스가 데이터 콘텐츠를 만들 때 관련 담당자들이 함께 보는 프레임 워크(방법론)이다. 특히 Y축 같은 경우를 각 회사 상황에 맞게 수정해서 활용할 수 있다. 고객의 'wow' 요인들을 나열하여 데이터를 어떻게 모델링/시각화/차트화할 것인지 살피는 체크리스트다.

| 마이셀럽스 콘텐츠 매트릭스 사례 | | | | | |
|---|---|---|---|---|---|
| **Wow Factor** | 데이터 과학 활용 요소 | | | | |
| | 데이터 모델링 | 데이터 시각화 | 동적 차트화 | 데이터 인터렉션 | 모션 그래픽 활용 |
| 재미(fun) | | | | | |
| 뜻밖의(Unexpected) | | | | | |
| 고정관념을 깨는 (Taboo Breaking) | | | | | |
| 독자적인(Exclusive) | | | | | |
| 공동 참여(Co-Creation) | | | | | |
| 공유할 만한(Sharable) | | | | | |
| 참여가 쉬운 (Simple, easy to engage) | | | | | |
| 타당한(Practical) | | | | | |
| 지식 전달 | | | | | |
| 지적 유희 제공 | | | | | |

# 디지털 콘텐츠의 새로운 발전, 데이터 저널리즘

《뉴욕 타임즈》가 자사 뉴스 사이트에 실은 한 장의 사진은 디지털 콘텐츠의 새로운 면모를 보여주었다. 2013년 오바마 미국 대통령의 재취임식 사진인데 데이터가 잘 결합되어 있다. 사용자는 사진의 각 부분을 클릭하여 참석자가 누구인지 서로 어떤 관계인지를 입체적으로 파악할 수 있다. 당일 기사를 송출하는 체계에서 이와 같이 '성의 있는' 사진 한 장을 내보내는 것이 가능해졌다. 이것을 가능하게 해주는 대용량 데이터 처리 등 다양한 기술의 동반 발전으로 인해 데이터 저널리즘이 발전하기 시작했다.

**《뉴욕 타임즈》의 오바마 재취임식 사진과 데이터 저널리즘**

확대

마우스를 가져다 대면(mouse over) 개인별 정보, 소셜 네트워크 등과 연결된다.

* 자료: http://www.nytimes.com/packages/html/politics/20130121-inauguration/obama-inauguration-zoomer-2013.html?utm_source=twitterfeed&utm_medium=twitter&smid=fb-share(2013. 2. 26)

국내에서는 몇몇 신문사가 디지털 콘텐츠를 시도하고 있으나, 아직도 정
보 전달보다는 '룩앤필(look & feel)'에 더 포커스를 두고 있는 수준이다.
디지털 콘텐츠는 과거의 아날로그 콘텐츠를 그냥 디지털 매체에 올려둔
것이 아니다. 디지털 매체가 갖는 특징과 장점을 극대화하여 사용자에게
차별화된 경험과 정보를 제공할 수 있을 때 그 의미가 살아난다. 'DT 시
대'라고 쓰지 않는가? '시대'는 매우 거대한 변화를 의미한다.

## 《뉴욕 타임즈》의 데이터(증거) 기반 콘텐츠

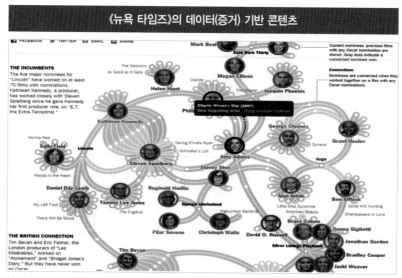

각 배우 간 공동 출연작 등 다양한 데이터를 시각화하여 설명한다.

# 데이터 시각화의 진화: 데이터의 콘텐츠화

데이터 시각화는 1세대 차트(Chart), 2세대 인포그래픽(Infographics), 3세대 모션그래픽(Motiongraphics)을 거치고 있다. DT 시대는 대용량 데이터 수집—머신러닝—실시간 자동 업데이트가 기술적으로 가능해졌기 때문에 단순히 데이터 시각화에서 그칠 필요가 없다. 따라서 4세대로 제시하고 싶은 것이 '라이브 모션그래픽(Live Motiongraphics)'이다.

차트는 수치 데이터를 전형적인 형태의 그래프로 표현한 것이고, 인포그래픽은 기존 차트에 그림 등을 더하여 시각적 효과를 높인 것이다. 모션그래픽은 인포그래픽에 '움직임(motion)'을 가미하여 시각적으로 좀 더 정교하거나 아름답게 표현한다.

| 1세대: 차트 | 2세대: 인포그래픽 | 3세대: 모션그래픽 |
| --- | --- | --- |
| 정적이고 정형화된 차트 | 차트와 도형으로 제작된 이미지 | 모션이 적용된 동영상 |

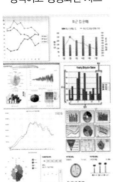
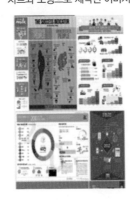

1~3세대의 데이터 시각화는 고정된 데이터를 바탕으로 시각적 효과만을 발전시킨 것이다. 반면에 마이셀럽스에서 제시한 4세대 라이브 모션그래픽은 데이터를 실시간 수집·연동하여 차트뿐만 아니라 다양한 콘텐츠 규격이나 형태로 담아내어 레고 블록과 같이 플러그인 방식으로 다양한 라이브 콘텐츠를 만들어낸다.

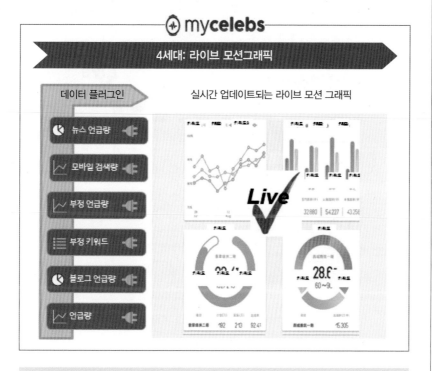

* 자료: 마이셀럽스(www.mycelebs.com) 사례

# 라이브 모션그래픽을 적용한 데이터의 콘텐츠화

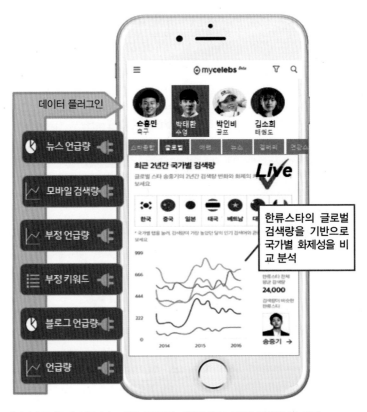

데이터가 콘텐츠와 연동되어 모듈화되어 플러그인 방식으로 콘텐츠 적용이 가능하다.

* 자료: 마이셀럽스(www.mycelebs.com) 사례

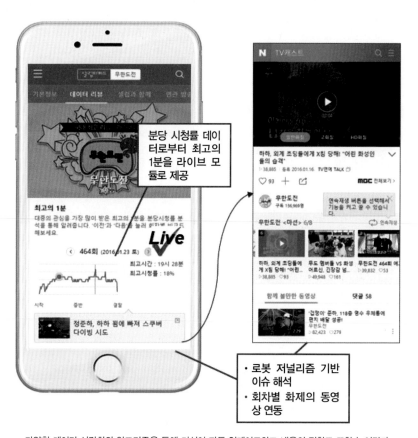

분당 시청률 데이터로부터 최고의 1분을 라이브 모듈로 제공

· 로봇 저널리즘 기반 이슈 해석
· 회차별 화제의 동영상 연동

다양한 데이터 시각화와 알고리즘을 통해 머신이 자동 업데이트하고 내용의 정합도 또한 높여간다.

# 데이터 기반의
# 마케팅 메시지 기획

마케팅 캠페인을 하기 전에 기업 전략과 연동하여 전략을 수립하고 이후 어떤 메시지를 전달할 것인가를 고민해야 한다. 지금까지는 제품이나 서비스를 놓고 다양한 아이디어 회의, 설문 등을 통해 소비자에게 소구할 페르소나, 모티브 등을 기획해왔다. 그러나 몇 가지 단서만 가지고 이 모든 것을 기획해서 콘텐츠로 창작해내기까지의 과정은 참으로 시간도 많이 걸리고 힘든 작업이다. 이제 대중이 검색하거나 소셜에 남긴 수많은 데이터의 수집과 분류가 가능해지면서 이 과정이 매우 효율적으로 변화했으며, 기존의 닐슨, 갤럽과 같은 리서치 업체에 의존하던 부분들이 상당

## 데이터 기반 마케팅 밸류 체인별 가설적 사례

| 밸류 체인 | 빅데이터 분석으로부터 추출된 시사점이 기여할 수 있는 기능 | 가설적 사례 |
|---|---|---|
| 상품, 프로그램 기획/개발 | • 소비자 라이프스타일 및 트렌드를 파악하여 신제품 개발 및 상품 기획에 반영할 수 있음<br>• 소비자 인식을 기반으로 한 인물, 제품, 서비스, 브랜드 등의 감성 분석을 통해 소비자의 잠재 니즈를 파악하여 상품 및 서비스 기획에 반영할 수 있음 | • 영화 여주인공으로 배우 ○○○을 캐스팅할까 하는데 여주인공의 캐릭터와 부합하는 이미지인가?<br>• 내년도 디저트 제품에 반영할 최근 트렌드는? |
| 품질관리/ 구매 | • 제품 생산 및 유통단계에서 파악하지 못한 제품 및 서비스의 품질 이슈를 선제적으로 파악할 수 있음<br>• 유통 및 공급업체 교체를 통해 품질과 소비자 경험 향상에 기여할 수 있음 | • 새로 출시한 제품에서 비린내가 난다는 평가가 많은데 개선을 해야 할까? |
| 브랜드 전략/ 마케팅 | • 경쟁사와 제품에 관한 감정어 비교 분석을 통해 소비자가 인식하는 가치 제안을 파악하고 향후 브랜드 아이덴티티와 제품 컨셉 수립에 반영할 수 있음<br>• 행사, 마케팅 캠페인 실시 후 소비자 인식의 변화를 분석, 성과 파악 및 향후 개선 활동 기획에 반영할 수 있음 | • 크리스마스 케이크 이벤트를 위해 소구할 수 있는 마케팅 포인트는?<br>• 시상식 행사에 대한 관심은 다른 행사에 비해 어느 정도 수준이며 어떻게 평가되었는가? |

수 손쉽게 대체 가능해졌다.

기업이 빅데이터 분석을 통해 얻은 여러 시사점은 각 계열사나 부서의 밸류 체인별 니즈에 맞는 다양한 아이디어나 콘텐츠 시나리오를 만드는 데 매우 효율적이다. 그리고 이를 바탕으로 고객과의 커뮤니케이션 콘텐츠 메시지로 적극 활용할 수 있다. 많은 선도 기업이 그들의 제품이나 서비스에 대한 아이디에이션(ideation)에 이를 활용하기 시작했는데, 아래 사례와 같이 체계적인 방법론을 가지고 활용하면 훨씬 효과적일 수 있다.

| 밸류 체인 | 빅데이터 분석으로부터 추출된 시사점이 기여할 수 있는 기능 | 가설적 사례 |
|---|---|---|
| 유통/판매 | • 경쟁사 제품/서비스의 부정적 언급과 자사의 차별화된 긍정적 인식을 기반으로 대리점, 영업사원 등 고객 접점에서의 주요 메시지로 활용할 수 있음<br>• 제품/서비스에 대한 부정적 인식은 대응 메시지 수립하여 대리점 등 고객 접점에서 효과적 대응할 수 있도록 교육할 수 있음 | • 여름 시즌 홈쇼핑의 영업 테마를 도출하고 시즌 전략 수립을 준비하고자 하는데 여름 시즌의 소비자 트렌드와 시즌성은 어떻게 되지?<br>• 이번 PB 상품 타겟은 어디로 하고 내세울 콘셉트는? |
| 고객 서비스 | • 서비스 관련 부정적 언급 데이터 분석을 통해 이슈가 되었던 서비스의 근원을 파악하여 재발 방지 조치를 할 수 있음 | • 대리점/영업점의 응대 태도 및 서비스에 대한 이슈는 무엇이 있는가? |
| PR/ 커뮤니케이션 | • 브랜드 자산에 부정적 영향을 미칠 수 있는 이슈를 선제적으로 파악하여 대응 전략을 수립할 수 있음 | • 자사 사회공헌 활동을 알리기 위한 방법은?<br>• 사회공헌 활동의 효과적 홍보를 위한 커뮤니케이션 메시지는? |

# 데이터 기반의
# USP(Unique Selling Point) 발굴

기존 리서치 방식을 보면 설문지, 인터뷰 등 다양한 방법을 통해 이미지,
상기율 등의 결과치를 마케팅에 활용해왔다. 이제는 데이터 관련 기술
을 통해 상당 부분이 해결된다. 콘텐츠 기획을 할 때 항상 고민되는 것이
USP 발굴이다. 우리 제품·서비스만의 셀링 포인트(selling point)를 찾아
내는 것이 어렵고도 힘든 과정이었다. 그러나 대중의 데이터 즉, 집단지성
(collective intelligence)을 활용하는 것이 가능해졌으므로 제품이나 서비스
또는 어떤 사안에 대해 대중이 언급하는 감성어, 이미지, 연관어, 긍정어,
부정어 등 모든 것들을 수집해서 볼 수 있게 되었다. 심지어는 CF 모델 선

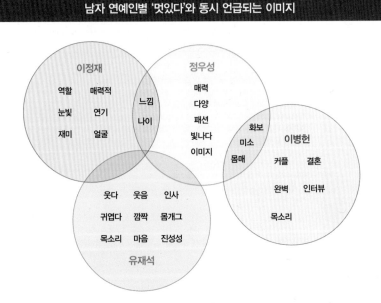

**남자 연예인별 '멋있다'와 동시 언급되는 이미지**

이정재: 역할, 매력적, 눈빛, 연기, 재미, 얼굴, 느낌, 나이

정우성: 매력, 다양, 패션, 빛나다, 이미지

이병헌: 화보, 미소, 몸매, 커플, 결혼, 완벽, 인터뷰, 목소리

유재석: 웃다, 웃음, 인사, 귀엽다, 깜짝, 몸개그, 목소리, 마음, 진성성

정 시에도 마찬가지다. 멋있는 감성의 대중 이미지를 가진 셀럽을 찾는다고 하자. 이정재·정우성·유재석·이병헌의 '멋있다'는 각각 다른 '멋있다'임을 데이터로 알 수 있고, 겹치는 부분도 있다. 또한 그 셀럽만의 USP를 유재석은 '진정성', 정우성은 '패션', '빛나는' 등과 같이 광고주가 추구하려는 이미지와 매칭되는 부분으로 찾아낼 수 있다. 뿐만 아니라 데이터를 활용함으로써 경쟁사 대비 우리의 강점, 약점 등과 같이 대중의 다양한 언급을 통해 콘텐츠 기획 시 참고할 점은 무궁무진하다.

**추출된 감성어가 들어 있는 원문**

손석희 앵커, jtbc 사장님이 직접 뉴스를 진행하다니, 멋지다! 마치 유느님, 국민MC 유재석 오빠와 비슷한 느낌이다.

이정재 '멋진 남자'의 날카로운 눈빛

정우성은 왠지 예쁜 여자 안 좋아할 거 같아. 자기만의 독특한 분위기가 있는 그런 여자 좋아할 거 같다.

진정성 있는 표정과 지적인 말투! 아 유재석ㅂㅂㅂㅂ 센스 있고 귀엽고 멋있다 ㅜㅜ 연예대상 시간이 많이 남는지 영상편지까지 ㅋㅋㅋ

정우성 화보, 멋진 미소에 설레는 여심

오~ TV CF에서 듣던~~ 그 목소리가!!!! 이병헌 화이팅!!!! 멋지다~^^

어제 〈빠담빠담〉 봤는데 시간 가는 줄도 모르고 봤다. 독특한 스토리.. 정우성의 양아치 연기는 발군 드라마는 거의 안 보지만 영화는 미친듯이 좋아하는 내게 영화만큼의 재미를 줌

이정재의 얼굴을 보니 남자는 나이가 드는 게 아니라 멋이 든다는 말이 새삼 떠오르는구나..

# 데이터 기반의 커머스 기획:
# 데이터 커머스

MCN(Multi Channel Network)이 광풍이었다. 그런데 이름만 따로 MCN이라고 붙었을 뿐이지 소셜 미디어는 태생부터 '개인 방송국(personal broadcasting)'을 지향해왔다. 이제 개인이 하나의 방송국이 될 수 있고 그 채널들을 제공하는 유튜브, 페이스북 등 플랫폼 간의 전쟁이기도 하다. 홈쇼핑, TV 쇼핑과 같이 개인이 쇼핑 호스트가 되어 물건을 팔 수 있게 되었기에 많은 개인들이 도전하고 있으나, 정작 무엇을 어떤 식으로 팔 것인지는 고민거리다. 이런 고민은 콘텐츠 권한을 가진 방송국들도 마찬가지일 것이다. 최근 TVN이라는 국내 방송 채널에서 〈윤식당〉이라는 프로그램을 방영했다. 한 달간 무려 2,100만 회의 관련 검색이 있었다. 〈무한도전〉 295만 2,200회, 〈복면가왕〉 175만 4,000회 등 타 인기 예능의 검색량과 비교하면 이 프로그램이 어마어마한 인기를 끌었다는 점을 데이터를 통해 알 수 있다.

다음 페이지 그림에서 보듯이 '윤식당 관련 검색어 및 검색량'과 같은 검색 데이터만 가지고도 〈윤식당〉에 나온 '윤식당불고기', '윤식당불고기누들', '윤식당튀김기', '윤식당파전' 등 많은 '판매 거리'들이 도출될 수 있다. 그 다음으로 나오는 그림에서 '윤식당 음식 관련 검색어'를 보면 〈윤식당〉 각 검색어의 유저 프로파일까지 함께 볼 수 있다. 뿐만 아니라 각각의 검색어, 예를 들어 '윤식당불고기'의 연관어를 보면 일반 불고기 연관어와는 달리, 소스, 누들, 레시피에 대해 대중이 검색을 통해 궁금해하고 있음을 알 수 있다. 이 정도 데이터만으로도 어떤 상품을 팔지, 그리고 어떤 부분에 대해 설명하고 강조하면서 팔아야 할지 방향성이 나온다. 이처럼 데이터는 커머스를 기획하는 데도 높은 활용 가치가 있다.

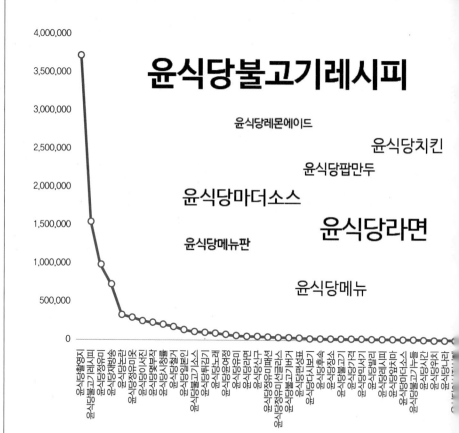

**TV 프로그램 〈윤식당〉 관련 2,100만 검색어를 통해 추출된 판매 연관 검색어**

윤식당불고기레시피

윤식당레몬에이드

윤식당치킨

윤식당팝만두

윤식당마더소스

윤식당메뉴판

윤식당라면

윤식당메뉴

* 자료: 네이버 〈윤식당〉 연관 검색량 2,100만 회 중 판매 가능한 검색어 추출(기간: 2017년 4월)

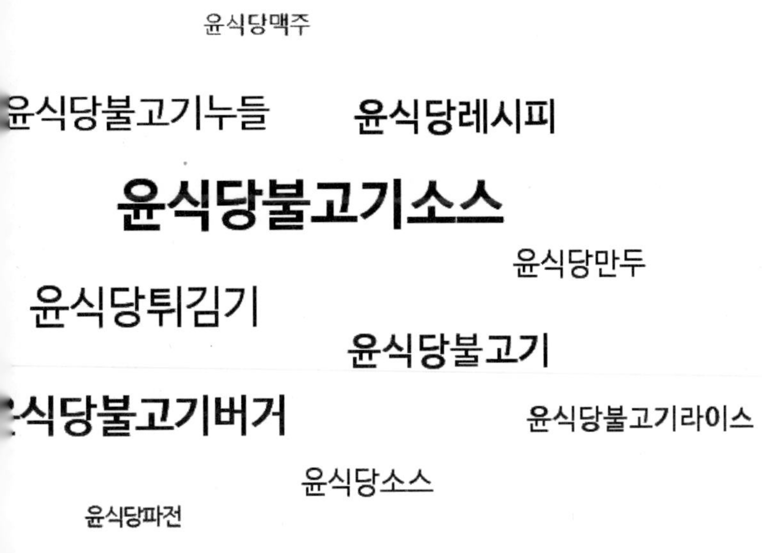

윤식당맥주
윤식당불고기누들
윤식당레시피
윤식당불고기소스
윤식당만두
윤식당튀김기
윤식당불고기
식당불고기버거
윤식당불고기라이스
윤식당소스
윤식당파전


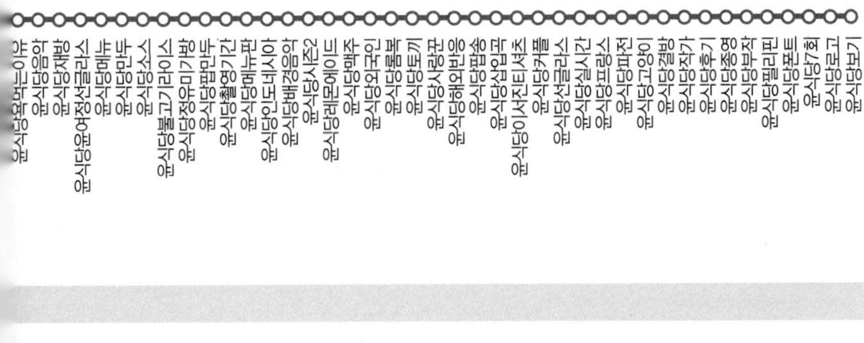

윤식당욕먹는이유
윤식당음악
윤식당재방
윤식당윤여정선글라스
윤식당메뉴
윤식당만두
윤식당소스
윤식당불고기라이스
윤식당정유미가방
윤식당팝만두
윤식당촬영기간
윤식당메뉴판
윤식당인도네시아
윤식당배경음악
윤식당시즌2
윤식당레몬에이드
윤식당맥주
윤식당외국인
윤식당롬복
윤식당토끼
윤식당사랑꾼
윤식당해외반응
윤식당팝송
윤식당섬입국
윤식당이서진티셔츠
윤식당커플
윤식당선글라스
윤식당실시간
윤식당프랑스
윤식당파전
윤식당고양이
윤식당결방
윤식당작가
윤식당후기
윤식당종영
윤식당부작
윤식당필리핀
윤식당폰트
윤식당7회
윤식당로고
윤식당보기

## 윤식당 음식 관련 검색어

〈윤식당〉 음식 관련 검색량은 200만 회 수준으로 〈윤식당〉 관련 검색의 20% 수준('윤식당' 검색 키워드 제외)이며, 여성(약 85%) 30~40대(약 70%)의 비중이 가장 높다.

| 검색량 | | 성별 비중 | |
|---|---|---|---|
| ■ 검색량(4월) | | ■ 남성 ■ 남성 | |
| 윤식당불고기레시피 | 1,554,000 | 15% | 85% |
| 윤식당불고기소스 | 119,760 | 13% | 87% |
| 윤식당튀김기 | 115,200 | 23% | 77% |
| 윤식당라면 | 53,200 | 36% | 64% |
| 윤식당불고기버거 | 42,460 | 15% | 85% |
| 윤식당불고기 | 27,900 | 15% | 85% |
| 윤식당레시피 | 19,150 | 18% | 82% |
| 윤식당마더소스 | 17,180 | 11% | 89% |
| 윤식당불고기누들 | 16,600 | 13% | 87% |
| 윤식당치킨 | 9,140 | 17% | 83% |
| 윤식당메뉴 | 6,790 | 24% | 76% |
| 윤식당만두 | 6,290 | 19% | 81% |
| 윤식당소스 | 6,080 | 15% | 85% |
| 윤식당불고기라이스 | 6,060 | 14% | 86% |
| 윤식당팝만두 | 4,020 | 16% | 84% |
| 윤식당메뉴판 | 3,720 | 31% | 69% |
| 윤식당레몬에이드 | 3,150 | 23% | 77% |
| 윤식당맥주 | 2,840 | 41% | 59% |
| 윤식당파전 | 1,460 | 16% | 84% |

* 자료: 네이버 검색 통계 (기간: 2017년 4월 1일 ~ 4월 30일)

음식 관련 관심은 레시피에 대한 관심(불고기 레시피, 불고기 소스 등)으로 집중되어 나타났다.

## 연령별 비중

| 0~19 | 20~24 | 25~29 | 30~39 | 40~49 | 50~ |
|---|---|---|---|---|---|
| 3 | 6 | 10 | 39 | 31 | 12 |
| 2 | 4 | 7 | 35 | 35 | 16 |
| 2 | 4 | 9 | 47 | 32 | 6 |
| 6 | 14 | 20 | 40 | 16 | 4 |
| 5 | 14 | 19 | 41 | 17 | 4 |
| 3 | 9 | 15 | 48 | 21 | 5 |
| 3 | 9 | 13 | 46 | 22 | 7 |
| 2 | 5 | 10 | 47 | 28 | 8 |
| 5 | 11 | 15 | 39 | 22 | 8 |
| 4 | 7 | 12 | 47 | 23 | 6 |
| 7 | 17 | 19 | 36 | 18 | 4 |
| 4 | 9 | 15 | 43 | 23 | 6 |
| 2 | 6 | 9 | 40 | 28 | 13 |
| 4 | 9 | 15 | 44 | 21 | 7 |
| 4 | 9 | 15 | 46 | 21 | 5 |
| 9 | 21 | 22 | 33 | 11 | 4 |
| 6 | 7 | 11 | 44 | 27 | 5 |
| 5 | 18 | 22 | 38 | 15 | 3 |
| 4 | 8 | 16 | 46 | 20 | 6 |

# DT 시대
# 새로운 콘텐츠 제작 및 큐레이션 방식

DT 시대가 되면서 전혀 없던 산업군들이 생성되었다. 특히 데이터 기반의 콘텐츠를 생성하기 위해 관련 데이터를 수집하고 이를 시각화하고 생성된 콘텐츠의 정합성과 내용을 머신이 러닝을 통해 업데이트하고 이를 실시간으로 운영하는 등의 산업이 그것이다.

예를 들어 2006년 리우 올림픽 때 콘텐츠 업계에서 재미있는 일이 벌어졌다. 204명의 선수단 개개인에 대한 뉴스, 블로그, 소셜 미디어의 글들이 밤낮을 가리지 않고 쏟아지는 상황이었다. 기존에는 콘텐츠팀이 밤을 세워가며 그 데이터를 수집하고 업데이트하면 이것을 디자인팀이 시각화해서 보여주던 방식이었겠지만, 여기에 큰 변혁이 일어났다.

마이셀럽스는 데이터 콘텐츠 제작 도구(CMS)인 빅데이터 스튜디오를 활용하여 국내 메이저 포털(카카오), 언론(중앙일보), 커뮤니티(디시인사이드), 곰TV(GomTV)에서 선수단 개별 페이지를 머신이 자동으로 수집—시각화—실시간 업데이트하는 방식으로 선수단 소식 콘텐츠를 서비스함으로써 콘텐츠 업계에 화제를 불러일으켰다. 이는 기존에 사람이 일일이 간여하는 콘텐츠 큐레이션 방식에서 머신이 운영하는 혁신적인 방식을 제시하는 계기가 되었다.

## 2016년 리우 올림픽 콘텐츠 큐레이션 사례

### KAKAO

올림픽 특별 페이지 내
선수 프로필 모듈 다수 탑재

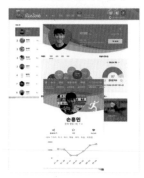

### ⓙ 중앙일보

올림픽 특별 페이지 내
선수 프로필 모듈 다수 탑재

### GOMTV

올림픽 특별 페이지 내
선수 프로필 모듈 다수 탑재

### ))(dcinside

올림픽 특별 페이지 내
선수 프로필 모듈 다수 탑재

\* 자료: 마이셀럽스 인공지능 애플리케이션을 탑재한 서비스들

# 마이셀럽스의
# 빅데이터 스튜디오

마이셀럽스의 빅데이터 스튜디오가 무엇이기에 국내 부문별 메이저 콘텐츠 기업들이 도입했을까? 기존 데이터 관련 콘텐츠 제작 도구는 구글의 데이터 스튜디오와 태블로(tableau) 같은 툴이 활용되고 있는데, 이들은 이용자가 키워드를 입력하면 그 키워드와 관련된 문서를 자동으로 수집하고 간단한 차트 수준의 시각화를 제시하는 기능을 가지고 있다.

그러나 마이셀럽스의 빅데이터 스튜디오는 대용량 데이터의 수집부터 시각화 라이브러리, 지능 탑재를 통한 자동 업데이트까지 다양한 기능을 동시에 제공한다. 뿐만 아니라 다양한 데이터가 모델링되어서 머신이 정합성까지 향상시키고 있다. 예를 들어 입력 키워드가 유명인이나 기업명, 제품명이든 관계없이 그와 관련된 인기도, 긍·부정, 연관 제품, 연관 감성어

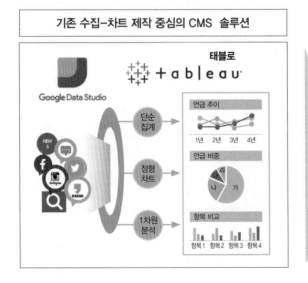

등 다양한 방식의 데이터 조합을 제공하고 이를 시각화해서 콘텐츠 모듈 형태로 자동 제작할 수 있다. 그리고 이를 자동 업데이트하는 '실시간 콘텐츠'가 모듈화되어 레고 블록처럼 API 형태로 어디든 탑재할 수 있다. 또한 머신이 내용을 학습하고 자동 업데이트하기 때문에 기존에 수십 명이 투입되던 일을 무인으로 운영할 수 있게 하는 완전히 새로운 콘텐츠 제작 및 운영 메커니즘을 제공한다. 이 툴을 통해서 인공지능이 운영하는 취향 포털인 마이셀럽스(mycelebs.com)가 만들어지고, 인공지능을 통해 자동 운영되고 있다.

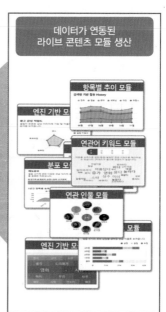

# 인공지능이 여는
# 콘텐츠 세상

앞서 언급한 마이셀럽스의 빅데이터 스튜디오를 통해 주목할 만한 콘텐츠 큐레이션 서비스들이 만들어졌다. 마이셀럽스가 "당신의 데이터로 돈을 벌어드립니다!(Monetize your data!)"라는 슬로건으로 국내 분야별 메이저 사업자들과 제휴를 맺으면서 다양한 사례가 만들어졌다. 사업 방식은 간단하다. 사업자가 마이셀럽스와 제휴하고 데이터를 오픈하면 그 데이터

## 마이셀럽스 빅데이터 스튜디오와 제휴한 사례

제휴(Alliance) 방식: 전자상거래, 방송사, 커뮤니티 등 다양한 제휴사의 데이터와 마이셀럽스 데이터, 외부 데이터를 결합하여 제휴사의 비즈니스를 강화시키는 동시에 추가 수익을 창출하는 윈-윈 모델을 통해 데이터를 축적하고 있다.

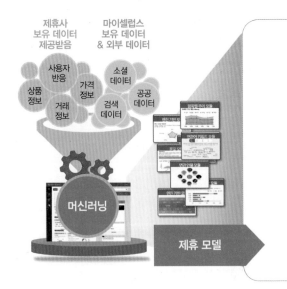

를 마이셀럽스 빅데이터 스튜디오를 통해 재가공하여 이용자에게 검색, 랭킹, 콘텐츠 큐레이션 등 다양한 형태의 서비스로 제공하고 수익을 공유한다. 아래와 뒤에 나오는 그림들을 통해 다양한 제휴 사례를 소개한다.

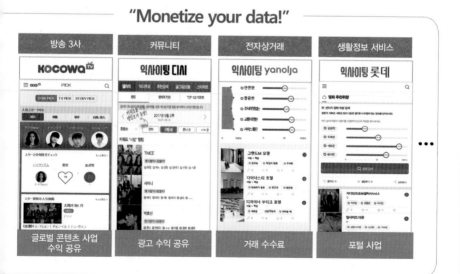

# 빅데이터 스튜디오로 만든 콘텐츠 포털: 익사이팅 디시

빅데이터 스튜디오는 집단지성과 데이터를 바탕으로 하기 때문에 증거 기반의 콘텐츠라는 말은 데이터들에 원문이 있고 말 그대로 증거를 다 확인해볼 수 있는 콘텐츠라는 뜻이다. 따라서 사람이 작성하는 것이 아니고 머신이 데이터를 가지고 생산하기 때문에 좀 더 도발적인 내용을 담을 수 있다. 구체적인 이해를 위해 '익사이팅디시(dcincide.mycelebs.com)'의 사례를 보자. 이것은 국내 최대의 커뮤니티이며 하루 9,000만 페이지뷰를 갖고 있는 디시인사이드(dcincide)의 데이터로 마이셀럽스 엔진이 구성한 새로운 서비스다.

국내 1위 커뮤니티 서비스인 디시인사이드 갤러리 데이터를 보면, '시발', '존나' 등의 비속어가 많이 언급되고 있는데, 이와 같은 내용을 인위적으로 숨기거나 수정하지 않고 아예 시발 갤러리 순위, 존나 갤러리 순위 등으로 큐레이션하고 있다. 그러면 이를 바탕으로 어떤 갤러리는 자정 활동을 하거나, 어떤 갤러리는 1위에 오르기 위해 오히려 더 많이 쓰기도 하는 등 재미있는 현상이 일어난다.

그런데 이 서비스가 데이터를 바탕에 두지 않고 원문으로 연동되지 않았다면 비속어 사용에 대한 수많은 비난과 공격을 받았을 수도 있다. 증거에 기반을 둔 이런 형식은 데이터 저널리즘 시대에 투명한 미디어의 가능성을 보여주고 있다.

익사이팅 디시 서비스 사례

## 빅데이터 스튜디오로 만든 콘텐츠 사례

### 지상파 3사 한류 미디어 포털 구축 – 코코와 TV

한국 지상파 3사가 주도하는 독점 글로벌 한류 SVOD 포털 사업에 마이셀럽스가 데이터 파트너로 참여하여 다양한 콘텐츠 모듈을 라이브로 제공하고 있다. 마이셀럽스 스타/방송 라이브 콘텐츠 모듈이 탑재되어 있고 이를 인공지능이 운영하고 있다.

# 위키피디아의 미래(Next): 인공지능이 수집-업데이트하는 위키피디아

브리태니커 백과사전이 전문지성으로 만들어졌다면, 위키피디아는 집단지성에 기반을 둔 발전적 미디어 형태다. 하지만 위키피디아 내용을 업데이트하는 사람은 극소수로 전 세계 인터넷 인구의 0.02%(27만여 명)에 불과하며 콘텐츠를 생성·운영하는 참여자도 제한적이다. 그리고 수익이 발생하지 않고 후원금으로만 운영되기에 확장의 한계가 있다.

이 위키피디아를 인공지능이 운영한다면 어떤 모습일까? 열성적인 참여자가 업데이트하는 데 그치지 않고 수많은 대중이 생성한 콘텐츠를 큐레

## 마이셀럽스 빅데이터 스튜디오를 통해 제시한 위키피디아의 미래(Next)

| 0.02% | 전 세계 인터넷 이용 인구 중 위키피디아 업데이트 유저 비중 |
| --- | --- |
| 27만 명 | 위키피디아 콘텐츠 생성/운영 인력 수 |
| 0달러 | 위키피디아를 통한 수익(후원금 운영) |
| 단순 사전 정보 | 단순 사전적 정보 제공 |

이션할 수 있을 것이다. 인공지능 머신러닝을 통해 자동으로 콘텐츠가 생성·관리·운영되며 입체적 정보를 시간별로 업데이트할 수도 있다. 그리고 광고와 제휴를 통해 수익 창출이 가능한 점도 장점이다. 마이셀럽스의 빅데이터 스튜디오는 DT 시대 집단지성이 아니라 머신이 전체 데이터를 자동으로 수집하고 머신러닝을 통해 업데이트하는 '인공지능이 운영하는 수익형 위키피디아'를 구현하고 있다.

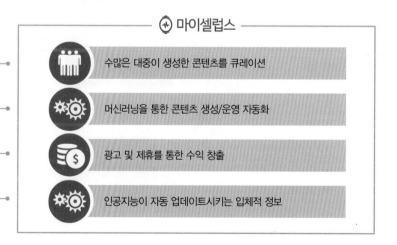

마이셀럽스

- 수많은 대중이 생성한 콘텐츠를 큐레이션
- 머신러닝을 통한 콘텐츠 생성/운영 자동화
- 광고 및 제휴를 통한 수익 창출
- 인공지능이 자동 업데이트시키는 입체적 정보

## 마이셀럽스 빅데이터 스튜디오를 통해 제시한 위키피디아의 미래(Next)

### 기존 정보 서비스의 제한성 및 업데이트 한계

소수 인원의 참여로 업데이트 되는 정보

기본 정보 및 관련 글 모음에 국한

## 관련 대용량 데이터 수집 및 데이터 모델링을 통한 시각화된 다양한 정보와 실시간 업데이트

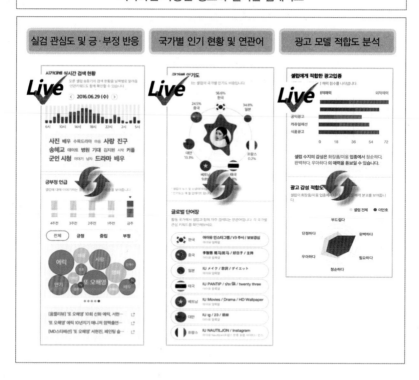

빅데이터 스튜디오를 통해 생산된 다양한 콘텐츠 모듈을 조합하여 직관적인 시각화 정보를 제공할 수 있으며 모든 콘텐츠는 머신러닝 기반으로 자동 업데이트되기 때문에 운영 인력이 필요 없다.

직관적인
데이터 시각화

시멘틱 온톨로지 기반
지능 탑재

인공지능에 의해
자동 업데이트 및 운영

# 10

# 마케팅 에이전시의 뉴노멀

## 마케팅 에이전시에서 SSC(Shared Service Center)로

From marketing agency to marketing SSC

# 마케팅 에이전시
# 생태계의 위기

디지털 시대를 넘어 이제 DT 시대까지 '시대(era)'라는 단어가 두 번이나 바뀌는 동안 마케팅 에이전시 생태계는 많은 변화를 겪었다. 예를 들면 디지털 전문 에이전시가 생긴다거나 페이스북 페이지 운영사, 블로그 포스팅 에이전시, 검색 대행사 같은 채널 대응 형태로 새로운 조직이 조직된다거나 하는 정도다. 앞서 언급했듯이 '시대'라는 표현을 쓸 정도로 소비자 세계는 극심한 변화가 일어났는데도 기존 마케팅 에이전시들은 '틀'을 바꾸거나 에이전시 생태계 자체를 재편한다거나 하는 과감한 개혁을 이루어 내지는 못했다. 이제 마케팅 에이전시 생태계 자체가 큰 위기를 맞고 있다. 특히 미디어랩 회사 같은 경우는 광고 구매 대행 외 어떤 가치를 주느냐에 대해 큰 도전을 받고 있으며, 검색 광고 또한 검색 포털이나 엔진들이 광고주에게 직접 자동화된 틀을 제공함으로써 기존에 키워드 입찰을 대행해주고 수수료를 수취하는 서비스들이 더는 환영받지 못하는 실정이다.

한국 광고 시장은 연간 11조 원 규모이다. 이와 같이 디지털 개념 이전에 생성된 대형 광고기획사와 미디어랩 등의 시장 장악력과 기능이 약화되면서 전체 시장의 구조적 문제가 심화되고 있다. 틀이 바뀌어야 하는데도 틀을 그대로 두고 곁가지를 손질하는 방식으로는 생존이 어려워졌다. 큰 틀에서 변화가 요구되는 시기다.

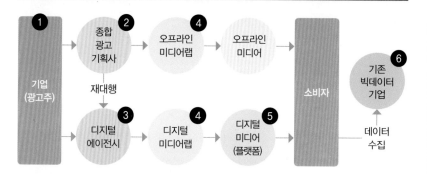

현재 국내 광고 시장의 구조적 문제점과 개선 요구 영역

**1** 기업 (광고주)

**2** 종합 광고 기획사 → 재대행

**4** 오프라인 미디어랩 → 오프라인 미디어

→ 소비자

**6** 기존 빅데이터 기업 ← 데이터 수집

**3** 디지털 에이전시 → **4** 디지털 미디어랩 → **5** 디지털 미디어 (플랫폼)

| | |
|---|---|
| **1** 채널 및 에이전시의 복잡성 증대 | • 검색, SNS, 웹사이트, 오프라인 매장 등 채널이 다양화되고 매체수가 증가함에 따른 에이전시 세분화로 기업의 관리 접점 급증 |
| **2** 종합 광고기획사의 시장 장악력 쇠락 | • 기존 매체(방송/인쇄 매체)에 편중된 예산 집행<br>• 디지털 부문 재대행으로 디지털 채널 마케팅 역량 결여<br>• 기존 AE들의 통합 마케팅 역량 한계 |
| **3** 중소 에이전시의 수익구조 악화 | • 재대행으로 인한 수익구조 악화와 이탈<br>• SNS/검색 등 일부 기능에 치중된 마케팅 수행으로 통합적 마케팅 및 성과 분석 한계 |
| **4** 미디어랩 경쟁력 하락 | • 검색, SNS, 웹사이트, 오프라인 매장 등 채널이 다양화되고 매체수가 증가함에 따른 에이전시 세분화로 기업의 관리 접점 급증 |
| **5** 검색포털 의존적인 미디어 환경 | • 네이버, 다음 등 검색 포털 의존적인 미디어 환경으로 버티컬 산업별 특화된 서비스 개발 환경 제한적 및 콘텐츠 생성 한계<br>• 기존의 시청률, 구독수, 방문자수 등 단순 지표로는 디지털 미디어의 실질적 성과 검증이 제한적 |
| **6** 수익성 및 확장성의 한계 | • 데이터 수급 제한적, 네이버, 트위터 등 제한적 플랫폼에 의존한 데이터 수집에 치중<br>• 마케팅 전문성 부족, 데이터 수집 이후, 통합적 분석 역량 부족 및 실질적 문제 해결 방법 제시 한계<br>• 시장 경쟁력 하락, 닐슨, 엠브레인 등 기존 리서치 기업과 경쟁하며 제한적 성장<br>• 기업별 독립적 빅데이터 센터 구축으로 빅데이터 사업 수주 위축<br>• 특정 분야에 한정 소셜 데이터, 검색, 로그 분석 등 특정 분야에 국한된 데이터 수집과 데이터마이닝으로 통합적 분석에 한계 |

# DT 시대
# 마케팅 에이전시의 변화 방향성

앞의 9개 장을 통해 DT 시대 마케팅에서 새롭게 '정상'으로 여겨지는 '뉴노멀'에 대해서 설명했다. 소비자와 광고주가 바뀌는 방향성과 그들의 '뉴노멀 니즈'에 맞추어서 에이전시들이 변모해야 할 방향성이기도 하다. 특히 데이터와 관련된 그리고 이를 활용하는 수많은 새로운 부분들은 모든 광고주가 관련 기술이나 인력을 갖출 수 없다. 에이전시는 이 부분에 주목해야 한다.

IT 시대 초기를 생각해보자. 각 기업들이 모든 분야를 IT화하면서 동시에 수많은 새로운 영역들이 생겨났지만, 모든 기업이 이런 기능들을 갖추기가 어려워졌다. 당시 IBM, CNS 같은 글로벌 기업들이 생겨났고 국내에도 IT 부분만을 통합적으로 서비스하는 삼성 SDS, LG CNS, 현대정보기술, SK C&C 등 대기업들이 소위 IT SSC(Shared Service Center)를 설립했다.

이제 마케팅 에이전시도 이와 같은 SSC 개념의 기능을 갖출 필요가 있다. 모든 광고주가 데이터 사이언티스트, 빅데이터 수집, 라이프로그 분석, 데이터 기반 UX 분석, 데이터 기반 메시지 추출 등과 같은 새로운 기능을 조직 내에 갖출 수가 없기 때문이다.

나는 글로벌 기업 및 국내 메이저 그룹을 대상으로 그룹의 마케팅 SSC 설립을 컨설팅하거나, 직접 그룹에서 설립하여 수행해본 경험이 있다. 기업 대부분 비슷한 고민과 그에 대한 해결책에 목말라 있는 실정인데, 앞서 언급한 9개 장에서 다룬 것들이 그 내용이자 그에 대한 해결책들이다.

이외에도 많은 새로운 화두와 해결 방식들이 생기겠지만 분명한 것은 많은 마케팅 에이전시들이 과거 방식에 머물러 있다는 점이다. 심지어 아직도 ATL, BTL로 조직이 나뉘어 있거나 디지털 조직이 따로 있거나 공유 서비스(Shared Service)를 통해 수주경쟁력을 강화시켜야 할 데이터 조직도 단독으로 매출을 강요받고 있기도 하다. 이제 마케팅 에이전시도 빅데이터를 활용하여 업종별 니즈에 맞는 인사이트 및 차별화된 서비스를 제공하는 마케팅 SSC(Shared Service Center) 사업이 가능해졌다. 이에 따라 기존 에이전시의 언번들(unbundle) 현상이 가속화되고 있으며, 마케팅 SSC를 갖추고 여기서 제공하는 가치를 주무기로 하는 에이전시들이 급성장하게 될 것이다.

## 마케팅 SSC의 주요 기능(예시적)

**산업별 버티컬 플랫폼 데이터 수급**

### 데이터 사이언티스트 그룹

- 메가데이터 모델링/분석 기반의 시장 인사이트 도출 및 활용
- 국내 GURU급 최고 데이터 전문가 그룹
- 컨설턴트급 데이터 분석가 보유 및 육성

### 디지털 플랫폼 통합 운영 및 RM(리스크관리)센터

- 광고주 및 기업의 다양한 디지털 플랫폼 생성/운영/소멸의 체계적 관리 지원
- 플랫폼 진단 및 개선 실행
- 브랜드 RM(디지털 평판 클린징 및 재발방지 체계 구축)

**외부 데이터 수집**

### 애널리틱스/UX 센터

- 업종별/기업별 맞춤형 성과 지표 관리
- 애널리틱스 기반의 UI/UX 최적화 지원

### 개발 부문

- 메가데이터 데이터 전문가 및 개발자 그룹
- 데이터 엔지니어

### 빅데이터 통합 관제 센터

데이터 흐름 및 성과 지표 모니터링을 위한 아시아 빅데이터 통합 관제 센터를 구축/운영한다.

# 에이전시가 갖추어야 할
# 데이터 공급망 관리(DSCM)

데이터 공급망 관리, 즉 DSCM(Data Supply Chain Management)은 데이터 시대를 개척할 마케팅 에이전시의 혁신적 존재 방식이다. 뿐만 아니라 기존 기업들도 이 문제에 대해 깊은 고민이 필요하다. 기존 산업에서 SCM(생산 관리, 공급망 관계 관리)은 기업 매출의 60~90%를 좌우할 만큼 큰 분야였다. 이제 DT 시대가 되었으므로 데이터도 공급망 관리가 매우 중요하게 취급되어야 한다. 따라서 단순히 마케팅 에이전시뿐만 아니라 DT 시대를 생존해나가야 하는 모든 기업에게 DSCM이라는 화두를 제시하고자 한다(이 부분에 대해서는 상당히 많은 분량의 설명이 필요하지만, 간략히 개념과 화두 제시만 하려 한다).

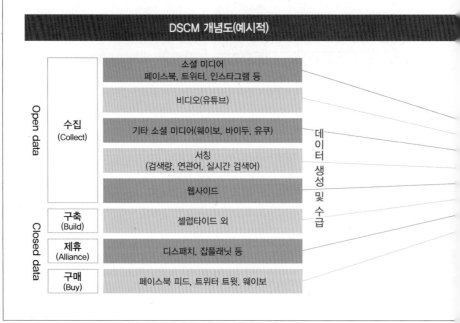

DSCM은 오픈 데이터 수집, 자체 데이터 생성, 제휴를 통한 데이터 수급 등 다양한 방법을 통해 데이터를 생성·수급하고 이를 통해 데이터를 통한 실질적 가치를 창출하는 비즈니스 모델을 구축해나가는 방법론이다. 기업은 DT 시대를 맞아 데이터 공급망을 3가지 방향성, 즉 구축(build)하거나 제휴(alliance)하거나 구매(buy)하는 방식을 통해 공급망 관리를 해야 하며 이를 통해 에이전시 뿐 아니라 모든 기업들이 어떤 형태이든 앞서 1~9장에서 제시한 뉴노멀에 대응하는 것을 이 책의 마지막 방향성으로 제시하고자 한다. 각자의 생존 체계를 갖추는 것이 중요하다.

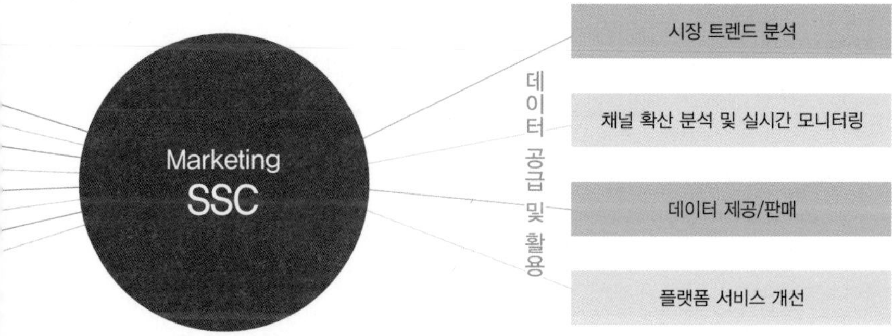
Marketing
SSC
데이터 공급 및 활용
시장 트렌드 분석
채널 확산 분석 및 실시간 모니터링
데이터 제공/판매
플랫폼 서비스 개선

photo credit
p. 10, 19, 25, 33, 34, 35, 36, 47, 53, 65, 76, 81, 88, 105, 135, 142, 145, 159, 184, 213, 217 ⓒ shutterstock

# DT 시대
# 마케팅 뉴노멀 **10**

지은이 | 도준웅

1판 1쇄 인쇄 | 2017년 8월  2일
1판 1쇄 발행 | 2017년 8월 11일

펴낸곳 | (주)지식노마드
펴낸이 | 김중현
디자인 | 제이알컴
등록번호 |제313-2007-000148호
등록일자 | 2007. 7. 10

(04032) 서울특별시 마포구 양화로 133, 1201호(서교동, 서교타워)
전화 | 02) 323-1410
팩스 | 02) 6499-1411
홈페이지 | knomad.co.kr
이메일 | knomad@knomad.co.kr

값 16,000원

ISBN 979-11-87481-27-0  (03320)

이 도서의 국립중앙도서관 출판예정도서목록(CIP)은 서지정보유통지원시스템 홈페이지(http://seoki.nl.go.kr)와
국가자료공동목록시스템(http://nl.go.kr/kolisnet)에서 이용하실 수 있습니다.
(CIP제어번호: CIP2017018508)